O OUTRO LADO

DA BOLSA

PIERRE LORENZO

ISBN: 978-1-7774385-3-1

O autor pode ser contatado em pierrelorenzolivro@gmail.com para assuntos profissionais e dúvidas relacionadas a este livro.

Fale com a editora através do e-mail contato@virgopublishers.com.

●virgo
publishers

www.virgopublishers.com

Nota do autor

As informações aqui presentes fazem parte da minha vida e estão organizadas de forma cronológica, contando minha história na bolsa de valores. No final do livro, adicionei um capítulo chamado Guia do Investidor que traz informações contábeis e tributárias de bastante importância para qualquer pessoa que investe em ações. Agradeço imensamente por você estar lendo meu livro e espero que ele possa te ajudar a não passar pelos problemas que passei.

Pierre Lorenzo

CONTEÚDO

INTRODUÇÃO

O ano de 2020 foi marcado por uma crise sanitária de proporções mundiais. A pandemia de Covid-19 fechou fronteiras, escolas, estabelecimentos comercias e provocou a morte de milhões de pessoas no mundo todo. A economia foi afetada de forma severa, provocando uma consistente alta do dólar e derrubada da bolsa de valores. A B3 saiu dos 115 mil pontos no final de 2019 para os 63 mil em março, uma queda de 45% em apenas três meses.

Para estimular a recuperação econômica, o Banco Central brasileiro seguiu os passos do Federal Reserve e promoveu uma série de cortes na taxa básica de juros, a chamada Selic, que é o fator responsável por ditar quanto um investimento de renda fixa poderá render. Por exemplo, se a Selic for maior ou igual a 8,5% ao ano, o rendimento da poupança será de 0,5% ao mês, mas caso esteja abaixo, o rendimento será de 70% da Selic. Como a Selic foi reduzida a 2% ao ano em 2020, a poupança passou a perder para a inflação e, portanto, deixou de ser atrativa.

A desvalorização da renda fixa, principalmente a de curto prazo, foi apenas o empurrão que faltava para que pessoas físicas, os chamados CPF na linguagem dos investidores, começassem a olhar a bolsa com outros olhos. Aliado a isso, a queda de 45% da B3 não deixou dúvidas de que o dinheiro destes novos investidores estaria bem melhor aplicado na renda variável, pois a bolsa estava muito barata, não é mesmo?

Este pensamento de que ações de grandes e sólidas empresas como Petrobrás, Itaú e Bradesco, estavam descontadas, serviu de alicerce para a estratégia de muitos investidores iniciantes, afinal de contas, quando a economia voltasse aos eixos, os grandes investidores retornariam para estes ativos, promovendo a alta de suas cotações. De fato, esta ideia possui fundamentos, mas ela é eficaz somente para aqueles que possuem a paciência de esperar a valorização do ativo e a calma em ver as ações se desvalorizarem ainda mais, sabendo que a longo prazo, os ganhos virão. O que não é o caso da maioria.

Mas não se engane caro leitor. Meu objetivo aqui não é o de apontar o dedo para os outros. O que você irá encontrar neste livro é a minha própria experiência com o mercado de ações. Tudo que eu passei durante o ano de 2020 ao comprar e vender ações, seja no Day Trade ou no Swing Trade, servirá para informar ou até mesmo educar você sobre os perigos deste mundo dominado por grandes bancos de investimentos, onde você pessoa física tem o dever de saber qual a hora exata de entrar e de sair, caso não queira ver seu patrimônio descer a ladeira.

MARÇO: O COMEÇO

Apesar de 2020 ter sido um ano bastante doloroso para muitas famílias, eu não posso reclamar, pelo menos não em relação à minha vida financeira. Eu ganhei um bom dinheiro nos primeiros meses do ano, mais do que eu já havia ganho em toda minha vida e eu não tinha necessidade de gastá-lo, pois continuaria ganhando mensalmente o suficiente para manter meu estilo de vida. Com a quantia parada no banco, meu objetivo era fazer o dinheiro render.

Inicialmente, fui bastante humilde em minha estratégia de investimento e queria receber apenas R$ 100 de juros por mês com aquele dinheiro. Vi que a poupança não permitiria alcançar tal valor e o CBD com liquidação diária e que rende 100% do CDI, também não permitiria isso. Investimentos com prazo de carência maior como os LCI e LCA não me atraíram, porque não gosto da ideia de não poder sacar o meu dinheiro quando bem quiser. Prefiro ter o controle total do meu patrimônio.

Pesquisando mais a fundo na internet, não demorou para eu me deparar com os diversos blogs recomendando a renda variável como a melhor alternativa à renda fixa. Aquilo me encheu os olhos e foi aí que eu comecei a me enganar, fingindo que jamais entraria neste negócio sem me preparar muito bem antes. Li alguns artigos, assisti vídeos de pessoas entendidas no assunto e apenas alguns dias depois, eu já estava pronto para me aventurar nesta nova jornada.

Sorte de iniciante

Praça	C/V	Tipo Mercado	Especificação do Título	OBS(*)	Quantidade	Preço Liquidação (R$)	Compra/Venda (R$)	D/C
1-Bovespa	C	VIS	PETR4 PN N2		200	13,30	2.660,00	D
1-Bovespa	C	VIS	PETR4 PN N2		200	13,45	2.690,00	D
			SubTotal :		400	13,3750	5.350,00	
1-Bovespa	V	VIS	PETR4 PN N2		200	13,30	2.660,00	C
1-Bovespa	V	VIS	PETR4 PN N2		200	13,50	2.700,00	C
			SubTotal :		400	13,4000	5.360,00	

Resumo dos Negócios		Resumo Financeiro	
Debêntures	0,00	Valor Líquido das Operações(1)	10,00 C
Vendas à Vista	5.360,00	Taxa de Liquidação(2)	2,14 D
Compras à Vista	5.350,00	Taxa de Registro(3)	0,00 D
Opções - Compras	0,00	Total(1+2+3) A	7,86 C
Opções - Vendas	0,00	Taxa de Termo/Opções/Futuro	0,00 D
Operações a Termo	0,00	Taxa A.N.A	0,00 D
Operações a Futuro	0,00	Emolumentos	0,34 D
Valor das Oper. com Tit. Publ.	0,00	Total Bolsa B	-0,34 D
Valor das Operações	10.710,00	Corretagem	0,00 D
Valor do Ajuste p/Futuro	0,00	ISS	0,00 D
IR Sobre Corretagem	0,00	I.R.R.F. s/ operações, base 0,00	0,00 D
IRRF Sobre Day Trade	-0,07	Outras	0,00 D
		Líquido para 19/03/2020	7,45 C

(*) Observações
2 - Corretora ou pessoa vinculada atuou na contra parte
\# - Negócio Direto
8 - Liquidação Institucional
D - Day-Trade
F - Cobertura

B - Debêntures
A - Posição Futuro
C - Clubes e Fundos de Ações
P - Carteira Própria
H - Home Broker

X - Box
↑ - Desmanche de Box
L - Precatório
T - Liquidação pelo Bruto
1 - POP

Especificações diversas
A coluna Q indica liquidação no Agente do Qualificado
IRRF Day-Trade R$ 7,52 , Projeção R$ -0,07

Observação: (1) As operações a futuro não são computadas no líquido da fatura.

Inter DTVM Ltda.

Figura 1 - 17/03/2020

A imagem anterior é minha nota de corretagem do dia 17/03/2020 da corretora Inter DTVM do Banco Inter. Ela foi editada para a remoção dos meus dados pessoais. Como você pode observar, comecei apostando em Petrobrás (PETR4) e os motivos foram: por ser a maior empresa brasileira; produtora da mais importante commodity do planeta; seus papéis estavam baratos, apesar da crise do petróleo.

A cautela que eu tive na escolha da empresa que seria minha porta de entrada na bolsa, faltou na hora de decidir o tipo de operação, pois comecei logo com o arriscado Day Trade, sem nenhuma experiência na área. Day Trade é quando você inicia e termina uma operação no mesmo dia, não importando a ordem. Se você compra ou vende primeiro é irrelevante para fins fiscais e será considerado Day Trade do mesmo jeito. O objetivo é comprar barato e vender minutos ou horas depois mais caro, ou vender caro e comprar mais barato. Com isso, podemos ganhar com a diferença de preço entre o início e o fim da operação.

Eu efetuei duas operações completas neste dia, operando com apenas dois lotes ou 200 ações, pois eu estava bastante receoso e não queria arriscar muito. Caso algo desse errado, eu teria o dinheiro para permanecer com as ações por alguns dias até elas se valorizarem novamente. Mas felizmente, isso não foi necessário e eu consegui um lucro líquido de R$ 7,45. Nada mal para quem estava começando. E se eu conseguisse lucrar esse mesmo valor todos os dias, no fim do mês eu teria ganho 3x mais do que o rendimento de um CDB.

Não posso deixar de mencionar que não fiz nenhuma análise antes ou durante o pregão e que não fiz o uso de gráficos, pois eu tampouco sabia como interpretá-los. Eu apenas observava as variações de preço no Home Broker e tomava minha decisão. Se a cotação estava por alguns minutos estabilizada em uma faixa de preço após cair, então a indicação era de compra. Se a estabilização acontecia após subir, então era para vender.

A primeira queda

Praça	C/V	Tipo Mercado	Especificação do Título	OBS(*)	Quantidade	Preço Liquidação (R$)	Compra/Venda (R$)	D/C
1-Bovespa	C	VIS	PETR4 PN N2		200	12,10	2.420,00	D
			SubTotal :		200	12,1000	2.420,00	

Resumo dos Negócios		Resumo Financeiro	
Debêntures	0,00	Valor Líquido das Operações(1)	-2.420,00 D
Vendas à Vista	0,00	Taxa de Liquidação(2)	0,66 D
Compras à Vista	2.420,00	Taxa de Registro(3)	0,00 D
Opções - Compras	0,00	Total(1+2+3) A	-2.420,66 D
Opções - Vendas	0,00	Taxa de Termo/Opções/Futuro	0,00 D
Operações a Termo	0,00	Taxa A N A	0,00 D
Operações a Futuro	0,00	Emolumentos	0,07 D
Valor das Oper. com Tít. Publ.	0,00	Total Bolsa B	**-0,07 D**
Valor das Operações	2.420,00	Corretagem	0,00 D
Valor do Ajuste p/Futuro	0,00	ISS	0,00 D
IR Sobre Corretagem	0,00	I.R.R.F. s/ operações, base 0,00	0,00 D
IRRF Sobre Day Trade	0,00	Outras	0,00 D
		Líquido para 20/03/2020	**-2.420,73 D**

(*) Observações

2 - Corretora ou pessoa vinculada atuou na contra parte	B - Debêntures	X - Box
# - Negócio Direto	A - Posição Futuro	Y - Desmanche de Box
8 - Liquidação Institucional	C - Clubes e Fundos de Ações	L - Precatório
D - Day-Trade	P - Carteira Própria	T - Liquidação pelo Bruto
F - Cobertura	H - Home Broker	1 - POP

Especificações diversas
    A coluna Q indica liquidação no Agente do Qualificado

Observação: (1) As operações a futuro não são computadas no líquido da fatura

Inter DTVM Ltda.

Figura 2 - 18/03/2020

Neste dia, ficou evidente como alguém que não tem nenhuma experiência no mercado de ações e sequer sabe interpretar os gráficos, pode se dar mal muito rápido ao fazer Day Trade. Comprei 200 ações a R$ 12,10 e a cotação rapidamente começou a cair, impossibilitando a execução da minha estratégia de vender logo em seguida, pois eu não queria ter nenhum prejuízo. Felizmente, eu possuía todo o valor necessário na minha conta para permanecer comprado e foi exatamente o que fiz ao ver os papéis PETR4 fecharem em R$ 11,29, bem abaixo do que eu paguei por eles.

A minha atitude é considerada inapropriada por muitos traders, pois não usei o Stop Loss, que é um mecanismo utilizado para emitir uma ordem de venda quando o valor do papel atingir um limite de perda que você está disposto a assumir. Não serei hipócrita e direi que fiz tudo de forma calculada, pois seria uma grande mentira. Mas minha opção de permanecer com os papéis faz bastante sentido, visto que a quantia investida era baixa e os motivos da queda não tinham relação com a administração da Petrobrás, mas sim com o cenário de crise internacional.

Tudo acontece de maneira muito rápida. Num minuto você está no lucro, no outro tudo desaba. Por isso é muito importante ficar de olho nos sites e perfis de redes sociais que repassam notícias relacionadas a seus investimentos, pois os grandes investidores irão derrubar o papel caso o cenário não seja favorável a eles. E você, assim como eu, ficará a ver navios caso não tenha percebido o movimento.

Mesmo com toda a imprudência, um fator me ajudou bastante: o número baixo de ações. O lucro ou prejuízo na bolsa de valores está diretamente ligado a quantidade de ações compradas e não ao valor investido. Com 200 ações, terminei o dia com R$ 162 de prejuízo.

O primeiro lucro

Praça	C/V	Tipo Mercado	Especificação do Título	OBS(*)	Quantidade	Preço Liquidação (R$)	Compra/Venda (R$)	D/C
1-Bovespa	V	VIS	PETR4 PN N2		200	12,57	2.514,00	C
			SubTotal :		200	12,5700	2.514,00	

Resumo dos Negócios		Resumo Financeiro		
Debêntures	0,00	Valor Liquido das Operações(1)	2.514,00	C
Vendas à Vista	2.514,00	Taxa de Liquidação(2)	0,69	D
Compras à Vista	0,00	Taxa de Registro(3)	0,00	D
Opções - Compras	0,00	Total(1+2+3) A	2.513,31	C
Opções - Vendas	0,00	Taxa de Termo/Opções/Futuro	0,00	D
Operações a Termo	0,00	Taxa A.N.A	0,00	D
Operações a Futuro	0,00	Emolumentos	0,08	D
Valor das Oper. com Tit. Publ.	0,00	Total Bolsa B	-0,08	D
Valor das Operações	2.514,00	Corretagem	0,00	D
Valor do Ajuste p/Futuro	0,00	ISS	0,00	D
IR Sobre Corretagem	0,00	I.R.R.F. s/ operações, base 2.514,00	0,12	D
IRRF Sobre Day Trade	0,00	Outras	0,00	D
		Liquido para 23/03/2020	2.513,23	C

(*) Observações
2 - Corretora ou pessoa vinculada atuou na contra parte
\# - Negócio Direto
8 - Liquidação Institucional
D - Day-Trade
F - Cobertura

B - Debêntures
A - Posição Futuro
C - Clubes e Fundos de Ações
P - Carteira Própria
H - Home Broker

X - Box
r - Desmanche de Box
L - Precatório
T - Liquidação pelo Bruto
1 - POP

Especificações diversas
A coluna Q indica liquidação no Agente do Qualificado

Observação: (1) As operações a futuro não são computadas no liquido da fatura.

Inter DTVM Ltda.

Figura 3 - 19/03/2020

O que todo investidor espera é ter lucros de forma rápida, mesmo que muitos sejam dotados de paciência. No meu caso, o lucro veio já no dia seguinte após ter fechado o dia anterior no prejuízo. Vendi minhas ações por 47 centavos mais caro do que havia comprado e lucrei R$ 93. Diante tamanha felicidade e ainda um pouco assustado, não realizei nenhuma outra operação neste dia.

Não compre no topo

Praça	C/V	Tipo Mercado	Especificação do Título	OBS(*)	Quantidade	Preço Liquidação (R$)	Compra/Venda (R$)	D/C
1-Bovespa	C	VIS	PETR4 PN N2		500	13,40	6.700,00	D
			SubTotal :		500	13,4000	6.700,00	

Resumo dos Negócios		Resumo Financeiro	
Debêntures	0,00	Valor Líquido das Operações(1)	6.700,00 D
Vendas à Vista	0,00	Taxa de Liquidação(2)	1,84 D
Compras à Vista	6.700,00	Taxa de Registro(3)	0,00 D
Opções - Compras	0,00	Total(1+2+3) A	-6.701,84 D
Opções - Vendas	0,00	Taxa de Termo/Opções/Futuro	0,00 D
Operações a Termo	0,00	Taxa A.N.A	0,00 D
Operações a Futuro	0,00	Emolumentos	0,21 D
Valor das Oper. com Tit. Publ.	0,00	Total Bolsa B	-0,21 D
Valor das Operações	6.700,00	Corretagem	0,00 D
Valor do Ajuste p/Futuro	0,00	ISS	0,00 D
IR Sobre Corretagem	0,00	I.R.R.F. s/ operações, base 0,00	0,00 D
IRRF Sobre Day Trade	0,00	Outras	0,00 D
		Líquido para 24/03/2020	-6.702,05 D

(*) Observações
2 - Corretora ou pessoa vinculada atuou na contra parte
\# - Negócio Direto
8 - Liquidação Institucional
D - Day-Trade
F - Cobertura

B - Debêntures
A - Posição futuro
C - Clubes e Fundos de Ações
P - Carteira Própria
H - Home Broker

X - Box
Y - Desmanche de Box
L - Precatório
T - Liquidação pelo Bruto
1 - POP

Especificações diversas
A coluna Q indica liquidação no Agente do Qualificado

Observação: (1) As operações a futuro não são computadas no líquido da fatura

Inter DTVM Ltda.

Figura 4 - 20/03/2020

Existe uma máxima do mercado que diz que não se deve entrar em uma operação de compra quando o preço estiver no topo, tanto no diário quanto no histórico de um período. Neste dia, os papéis da Petrobrás abriram em R$ 13,11 e a máxima foi de R$ 13,50. Não sei dizer se comprei antes ou depois de ter atingido a máxima, mas o erro foi cometido e fui obrigado a ficar com as ações por cinco dias, visto que a cotação terminou o dia em R$ 12, uma queda bastante considerável em relação ao preço de compra. Não lembro da minha reação, mas com certeza eu devo ter ficado incrédulo ao ver meu investimento derreter em questão de minutos.

Momento de vender

Praça	C/V	Tipo Mercado	Especificação do Título	OBS(*)	Quantidade	Preço Liquidação (R$)	Compra/Venda (R$)	D/C
1-Bovespa	C	VIS	BIDI4 PN N2		500	10,41	5.205,00	D
			SubTotal :		500	10,4100	5.205,00	
1-Bovespa	V	VIS	BIDI4 PN N2		500	10,33	5.165,00	C
			SubTotal :		500	10,3300	5.165,00	
1-Bovespa	V	VIS	PETR4 PN N2		500	13,60	6.800,00	C
			SubTotal :		500	13,6000	6.800,00	

Resumo dos Negócios		Resumo Financeiro	
Debêntures	0,00	Valor Líquido das Operações(1)	6.760,00 C
Vendas à Vista	11.965,00	Taxa de Liquidação(2)	3,94 D
Compras à Vista	5.205,00	Taxa de Registro(3)	0,00 D
Opções - Compras	0,00	Total(1+2+3) A	6.756,06 C
Opções - Vendas	0,00	Taxa de Termo/Opções/Futuro	0,00 D
Operações a Termo	0,00	Taxa A.N.A	0,00 D
Operações a Futuro	0,00	Emolumentos	0,55 D
Valor das Oper. com Tit. Publ.	0,00	Total Bolsa B	-0,55 D
Valor das Operações	17.170,00	Corretagem	0,00 D
Valor do Ajuste p/Futuro	0,00	ISS	0,00 D
IR Sobre Corretagem	0,00	I.R.R.F. s/ operações, base 6.800,00	0,34 D
IRRF Sobre Day Trade	0,00	Outras	0,00 D
		Liquido para 27/03/2020	6.755,51 C

(*) Observações:

2 - Corretora ou pessoa vinculada atuou na contra parte	B - Debêntures	X - Box
# - Negócio Direto	A - Posição Futuro	Y - Desmanche de Box
8 - Liquidação Institucional	C - Clubes e Fundos de Ações	L - Precatório
D - Day-Trade	P - Carteira Própria	T - Liquidação pelo Bruto
F - Cobertura	H - Home Broker	1 - POP

Especificações diversas:

A coluna Q indica liquidação no Agente do Qualificado

IRRF Day Trade R$ -42,40 , Projeção R$ 0,00

Observação: (1) As operações a futuro não são computadas no líquido da fatura.

Inter DTVM Ltda

Figura 5 - 25/03/2020

Cheguei a um ponto onde dois lotes de ações já não eram o suficiente para entregar o lucro desejado e passei a operar com cinco lotes. Também perdi um pouco do medo de comprar papéis de outras empresas e resolvi arriscar em BIDI4. Por não conhecer o comportamento deste papel, resolvi assumir o prejuízo de aproximados R$ 40 ao vender mais barato do que comprei naquele dia. Uma sábia decisão, já que a cotação encerrou o dia em R$ 10,11.

No que se refere a Petrobrás, a espera de cinco dias foi o suficiente para recuperar todo o valor investido e ainda sair com R$ 100 de lucro, mas eu errei feio o momento de vender. Naquele dia, os papéis PETR4 chegaram a bater os R$ 14,79 e fechou em R$ 14,32. Eu poderia ter saído com R$ 500 de lucro desta operação se tivesse esperado o valor subir um real em relação ao que paguei. Mas neste quesito, esperar não é a palavra mais adequada, pois soa como uma torcida para que o preço suba mais. Se eu soubesse analisar gráficos, poderia ter percebido que o preço subiria muito mais naquele dia.

Logo nos primeiros dias de bolsa, já fui obrigado a ficar comprado em um ativo duas vezes, sem ter essa intenção inicial. É necessário ter paciência de esperar a valorização de uma ação e, no meu caso, eu tinha plena consciência de que bastava uma melhora no mercado de petróleo para que a Petrobrás retornasse a sua normalidade. Porém, nem sempre esperar será o melhor caminho. Quando a queda de um papel tiver relação com problemas internos da empresa, abandonar o barco pode ser o correto a se fazer.

Alto risco e pouco retorno

Praça	C/V	Tipo Mercado	Especificação do Título	OBS(*)	Quantidade	Preço Liquidação (R$)	Compra/Venda (R$)	D/C
1-Bovespa	C	VIS	PETR4 PN N2		2.000	13,35	26.700,00	D
1-Bovespa	C	VIS	PETR4 PN N2		500	13,38	6.690,00	D
			SubTotal :		2.500	13,3560	33.390,00	
1-Bovespa	V	VIS	PETR4 PN N2		500	13,36	6.680,00	C
1-Bovespa	V	VIS	PETR4 PN N2		1.000	13,37	13.370,00	C
1-Bovespa	V	VIS	PETR4 PN N2		1.000	13,40	13.400,00	C
			SubTotal :		2.500	13,3800	33.450,00	

Resumo dos Negócios		Resumo Financeiro	
Debêntures	0,00	Valor Líquido das Operações(1)	60,00 C
Vendas à Vista	33.450,00	Taxa de Liquidação(2)	13,36 D
Compras à Vista	33.390,00	Taxa de Registro(3)	0,00 D
Opções - Compras	0,00	Total(1+2+3) A	46,64 C
Opções - Vendas	0,00	Taxa de Termo/Opções/Futuro	0,00 D
Operações a Termo	0,00	Taxa A N A	0,00 D
Operações a Futuro	0,00	Emolumentos	2,17 D
Valor das Oper. com Tít. Publ.	0,00	Total Bolsa B	-2,17 D
Valor das Operações	66.840,00	Corretagem	0,00 D
Valor do Ajuste p.Futuro	0,00	ISS	0,00 D
IR Sobre Corretagem	0,00	I.R.R.F. s/ operações, base 0,00	0,00 D
IRRF Sobre Day Trade	0,44	Outras	0,00 D
		Líquido para 31/03/2020	**44,03 C**

(*) Observações
2 - Corretora ou pessoa vinculada atuou na contra parte
- Negócio Direto
8 - Liquidação Institucional
D - Day-Trade
F - Cobertura

B - Debêntures
A - Posição Futuro
C - Clubes e Fundos de Ações
P - Carteira Própria
H - Home Broker

X - Box
Y - Desmanche de Box
L - Pregatório
T - Liquidação pelo Bruto
1 - POP

Especificações diversas
A coluna Q indica liquidação no Agente do Qualificado
IRRF Day-Trade R$ 44,47 , Projeção R$ -0,44

Observação: (1) As operações a futuro não são computadas no líquido da fatura.

Inter DTVM Ltda.

Figura 6 - 27/03/2020

É uma sensação de dever cumprido consultar a nota de corretagem do dia e constatar o valor exato do lucro, pois quando se faz muitas operações no mesmo dia, é preciso esperar as taxas serem deduzidas do lucro bruto. Mas é importante considerar se o risco ao que você se expôs está refletido nos ganhos. No meu caso, comprei 2.500 ações para ganhar apenas R$ 44. Certamente estava ganhando mais que qualquer investimento de renda fixa, mas a facilidade com que se pode perder dinheiro na renda variável não vale a pena se arriscar desta forma sem uma estratégia bem definida.

Fechando no positivo

Praça	C/V	Tipo Mercado	Especificação do Título	OBS(*)	Quantidade	Preço Liquidação (R$)	Compra/Venda (R$)	D/C
1-Bovespa	C	VIS	PETR4 PN N2		1.500	13,50	20.250,00	D
			SubTotal :		1.500	13,5000	20.250,00	
1-Bovespa	V	VIS	PETR4 PN N2		500	13,52	6.760,00	C
1-Bovespa	V	VIS	PETR4 PN N2		500	13,55	6.775,00	C
1-Bovespa	V	VIS	PETR4 PN N2		500	13,65	6.825,00	C
			SubTotal :		1.500	13,5733	20.360,00	

Resumo dos Negócios		Resumo Financeiro		
Debêntures	0,00	Valor Líquido das Operações(1)	110,00	C
Vendas à Vista	20.360,00	Taxa de Liquidação(2)	8,12	D
Compras à Vista	20.250,00	Taxa de Registro(3)	0,00	D
Opções - Compras	0,00	Total(1+2+3) A	101,88	C
Opções - Vendas	0,00	Taxa de Termo/Opções/Futuro	0,00	D
Operações a Termo	0,00	Taxa A.N.A	0,00	D
Operações a Futuro	0,00	Emolumentos	1,31	D
Valor das Oper. com Tit. Publ.	0,00	Total Bolsa B	-1,31	D
Valor das Operações	40.610,00	Corretagem	0,00	D
Valor do Ajuste p/Futuro	0,00	ISS	0,00	D
IR Sobre Corretagem	0,00	I.R.R.F. s/ operações, base 0,00	0,00	D
IRRF Sobre Day Trade	-1,00	Outras	0,00	D
		Líquido para 01/04/2020	99,57	C

(*) Observações
2 - Corretora ou pessoa vinculada atuou na contra parte
\# - Negócio Direto
8 - Liquidação Institucional
D - Day Trade
F - Cobertura

B - Debêntures
A - Posição Futuro
C - Clubes e Fundos de Ações
P - Carteira Própria
H - Home Broker

X - Box
Y - Desmanche de Box
L - Precatório
T - Liquidação pelo Bruto
1 - POP

Especificações diversas
A coluna Q indica liquidação no Agente do Qualificado
IRRF Day Trade R$ 100,57 , Projeção R$ -1,00

Observação (1) As operações a futuro não são computadas no líquido da fatura

Inter DTVM Ltda

Figura 7 - 30/03/2020

Chegamos na última nota de corretagem de março. Não tem novidades, pois continuei operando com PETR4 e obtive lucro de R$ 99.

No fechamento do mês, o lucro de Day Trade foi de R$ 110 e de operações normais foi de R$ 188, sem descontar o imposto retido e a DARF paga. À primeira vista, parece que tudo ocorreu dentro da normalidade, haja vista o saldo positivo, mas o fato é que fiz quase tudo com pouca ou nenhuma análise e poderia facilmente ter tido um resultado negativo.

Da forma como eu relatei minha experiência até aqui, parece que eu fui aprendendo com os erros e que no mês seguinte me comportei de forma diferente e mais inteligente. A verdade é que escrevo este livro meses depois dos fatos narrados com um olhar de quem está de fora e pode ver tudo de forma mais imparcial. Portanto, o que você pode esperar nos capítulos seguintes são equívocos ainda mais sérios que me levaram a uma série de perdas, que só não foram maiores, porque parei a tempo.

ABRIL: ALTOS E BAIXOS

Se em março, apesar dos erros cometidos eu fui um pouco cauteloso ao escolher um papel mais seguro para trabalhar e dosei a quantidade de ações compradas no início, em abril, eu subi de degrau e comecei a operar com mais ousadia e confiança. Continuei majoritariamente apostando em PETR4, mas também respirei novos ares em VVAR3 e USIM5. O que me atraiu para a Via Varejo foi sua alta volatidade que chegava a mais de um real entre a máxima e mínima do dia e a percepção do mercado de que a empresa seria a nova Magalu. Aliás, de tempos em tempos surgem candidatas a Magazine Luíza por aí.

Quanto aos critérios utilizados, relatei no primeiro capítulo minha forma de analisar as variações de preços no Home Broker e decidir o momento de comprar e vender. Isso foi bem verdade nos momentos de compra, mas na maioria das vezes, também utilizava um método alternativo na hora de vender as ações, que consistia em estabelecer uma margem de lucro, digamos, uma variação de dois a cinco centavos e lançar uma ordem de venda imediatamente após a compra. Desta forma, eu diminuía o risco, pois um ativo que estava variando entre 12,45 e 12,50, provavelmente iria variar dois centavos para cima se o comprasse em 12,46, por exemplo.

Aumentando o lucro

Praça	C/V	Tipo Mercado	Especificação do Título	OBS(*)	Quantidade	Preço Liquidação (R$)	Compra/Venda (R$)	D/C
1-Bovespa	C	VIS	PETR4 PN N2		1.000	13,39	13.390,00	D
1-Bovespa	C	VIS	PETR4 PN N2		500	13,40	6.700,00	D
1-Bovespa	C	VIS	PETR4 PN N2		500	13,70	6.850,00	D
1-Bovespa	C	VIS	PETR4 PN N2		1.000	13,90	13.900,00	D
1-Bovespa	C	VIS	PETR4 PN N2		500	13,94	6.970,00	D
		SubTotal :			3.500	13,6600	47.810,00	
1-Bovespa	V	VIS	PETR4 PN N2		500	13,43	6.715,00	C
1-Bovespa	V	VIS	PETR4 PN N2		500	13,44	6.720,00	C
1-Bovespa	V	VIS	PETR4 PN N2		500	13,51	6.755,00	C
1-Bovespa	V	VIS	PETR4 PN N2		500	13,81	6.905,00	C
1-Bovespa	V	VIS	PETR4 PN N2		500	13,95	6.975,00	C
1-Bovespa	V	VIS	PETR4 PN N2		500	13,99	6.995,00	C
1-Bovespa	V	VIS	PETR4 PN N2		500	14,00	7.000,00	C
		SubTotal :			3.500	13,7329	48.065,00	

Resumo dos Negócios		Resumo Financeiro	
Debêntures	0,00	Valor Líquido das Operações(1)	255,00 C
Vendas à Vista	48.065,00	Taxa de Liquidação(2)	19,17 D
Compras à Vista	47.810,00	Taxa de Registro(3)	0,00 D
Opções - Compras	0,00	Total(1+2+3) A	235,83 C
Opções - Vendas	0,00	Taxa de Termo/Opções/Futuro	0,00 D
Operações a Termo	0,00	Taxa A.N.A	0,00 D
Operações a Futuro	0,00	Emolumentos	3,11 D
Valor das Oper. com Tit. Publ.	0,00	Total Bolsa B	**-3,11 D**
Valor das Operações	95.875,00	Corretagem	0,00 D
Valor do Ajuste p/Futuro	0,00	ISS	0,00 D
IR Sobre Corretagem	0,00	I.R.R.F. s/ operações, base 0,00	0,00 D
IRRF Sobre Day Trade	-2,32	Outras	0,00 D
		Líquido para 03/04/2020	230,40 C

(*) Observações

2 - Corretora ou pessoa vinculada atuou na contra parte	B - Debêntures	X - Box
# - Negócio Direto	A - Posição Futuro	Y - Desmanche de Box
8 - Liquidação Institucional	C - Clubes e Fundos de Ações	L - Precatório
D - Day-Trade	P - Carteira Própria	T - Liquidação pelo Bruto
I - Cobertura	H - Home Broker	1 - POP

Especificações diversas

A coluna Q indica liquidação no Agente do Qualificado
IRRF Day-Trade R$ 232,72 , Projeção R$ 2,32

Observação: (1) As operações a futuro não são computadas no líquido da fatura

Inter DTVM Ltda

Figura 8 - 01/04/2020

Até então, meu maior lucro diário no Day Trade havia sido de R$ 100. Nada mal, se fosse possível chegar a este valor todos os dias, mas sabemos que há momentos em que as oportunidades simplesmente não aparecem e você fica no zero a zero ou lucra muito pouco. Neste dia, eu fiz várias operações que provavelmente duraram umas duas horas ou mais, pois quando não se trabalha com gráficos, é comum que o preço do papel varie um pouco para baixo antes de atingir o alvo de venda, o que significa que a entrada foi feita no momento errado. Mas o resultado foi bastante positivo com um lucro de R$ 230, valor este que a maioria dos brasileiros levam em média seis dias para ganhar.

Zero a zero

Praça	C/V	Tipo Mercado	Especificação do Título	OBS(*)	Quantidade	Preço Liquidação (R$)	Compra/Venda (R$)	D/C
1-Bovespa	C	VIS	GGBR4 PN N1		500	9,78	4.890,00	D
			SubTotal :		500	9,7800	4.890,00	
1-Bovespa	V	VIS	GGBR4 PN N1		500	9,78	4.890,00	C
			SubTotal :		500	9,7800	4.890,00	
1-Bovespa	C	VIS	PETR4 PN N2		500	15,40	7.700,00	D
			SubTotal :		500	15,4000	7.700,00	
1-Bovespa	V	VIS	PETR4 PN N2		500	15,42	7.710,00	C
			SubTotal :		500	15,4200	7.710,00	

Resumo dos Negócios		Resumo Financeiro		
Debêntures	0,00	Valor Líquido das Operações(1)	10,00	C
Vendas à Vista	12.600,00	Taxa de Liquidação(2)	5,03	D
Compras à Vista	12.590,00	Taxa de Registro(3)	0,00	D
Opções - Compras	0,00	Total(1 + 2 + 3) A	4,97	C
Opções - Vendas	0,00	Taxa de Termo/Opções/Futuro	0,00	D
Operações a Termo	0,00	Taxa A.N.A	0,00	D
Operações a Futuro	0,00	Emolumentos	0,75	D
Valor das Oper. com Tit. Publ	0,00	Total Bolsa B	-0,75	D
Valor das Operações	25.190,00	Corretagem	0,00	D
Valor do Ajuste p/Futuro	0,00	ISS	0,00	D
IR Sobre Corretagem	0,00	I.R.R.F. s/ operações, base 0,00	0,00	D
IRRF Sobre Day Trade	0,04	Outras	0,00	D
		Liquido para 06/04/2020	**4,18**	**C**

(*) Observações:
2 - Corretora ou pessoa vinculada atuou na contra parte
- Negócio Direto
B - Liquidação Institucional
D - Day-Trade
F - Cobertura

B - Debêntures
A - Posição Futuro
C - Clubes e Fundos de Ações
P - Carteira Própria
H - Home Broker

X - Box
Y - Desmanche de Box
L - Precatório
T - Liquidação pelo Bruto
1 - POP

Especificações diversas
A coluna Q indica liquidação no Agente do Qualificado.
IRRF Day-Trade R$ 4,22 ; Projeção R$ -0,04

Observação: (1) As operações a futuro não são computadas no líquido da fatura.

Inter DTVM Ltda.

Figura 9 - 02/04/2020

25

Não lembro qual o motivo exato de ter apostado na Gerdau. Talvez tenha sido por um vídeo que assisti sobre as ações que tinham boa liquidez ou pode ter sido pelo preço mais em conta. Porém, o fator mais relevante é que eu perdi dinheiro nesta operação, apesar de ter vendido pelo mesmo preço que comprei. Isto porque a bolsa possui taxa de liquidação e emolumentos e, dependendo da corretora, ainda tem a taxa de corretagem, que felizmente não é o caso do Inter. Mas não deixa de ser interessante eu ter ido buscar outra possibilidade de ganhos na bolsa.

No tópico anterior, eu mencionei sobre os momentos em que as oportunidades não aparecem e esta é a melhor explicação que eu consigo dar para ter feito uma única operação em PETR4 com variação de dois centavos para cima. Provavelmente fiquei horas com o celular na mão esperando por um sinal de compra, mas ele não apareceu. Em relação a operação em si, comprei o papel a R$ 15,40 na esperança de atingir os R$ 15,60 e percebi que este movimento não iria acontecer e que o melhor seria fechar a posição.

Destaco que neste dia, os papéis da Petrobrás chegaram a atingir o valor de R$ 16,55 após abrirem em R$ 15,40. Era recorrente minha falta de timing e, por vezes, eu tentava entrar no trem já em andamento. Se eu tivesse comprado aquelas 500 ações logo na abertura, poderia ter lucrado R$ 500 em um cenário perfeito. Ao invés disso, comprei quando o papel já tinha revertido toda a alta e não existia mais possibilidade de ganhos.

Uma aula do que não fazer

Praça	C/V	Tipo Mercado	Especificação do Título	OBS(*)	Quantidade	Preço Liquidação (R$)	Compra/Venda (R$)	D/C
1-Bovespa	C	VIS	PETR4 PN N2		500	15,50	7.750,00	D
1-Bovespa	C	VIS	PETR4 PN N2		700	16,28	11.396,00	D
			SubTotal :		1.200	15,9550	19.146,00	
1-Bovespa	V	VIS	PETR4 PN N2		700	15,55	10.885,00	C
			SubTotal :		700	15,5500	10.885,00	

Resumo dos Negócios		Resumo Financeiro		
Debêntures	0,00	Valor Líquido das Operações(1)	-8.261,00	D
Vendas à Vista	10.885,00	Taxa de Liquidação(2)	6,58	D
Compras à Vista	19.146,00	Taxa de Registro(3)	0,00	D
Opções - Compras	0,00	Total(1+2+3) A	-8.267,58	D
Opções - Vendas	0,00	Taxa de Termo/Opções/Futuro	0,00	D
Operações a Termo	0,00	Taxa A.N.A	0,00	D
Operações a Futuro	0,00	Emolumentos	0,90	D
Valor das Oper. com Tit. Publ	0,00	Total Bolsa B	-0,90	D
Valor das Operações	30.031,00	Corretagem	0,00	D
Valor do Ajuste p/Futuro	0,00	ISS	0,00	D
IR Sobre Corretagem	0,00	I.R.R.F. s/ operações, base 0,00	0,00	D
IRRF Sobre Day Trade	0,00	Outras	0,00	D
		Líquido para 07/04/2020	**-8.268,48**	**D**

(*) Observações:
2 - Corretora ou pessoa vinculada atuou na contra parte
- Negócio Direto
8 - Liquidação Institucional
D - Day-Trade
F - Cobertura

B - Debêntures
A - Posição Futuro
C - Clubes e Fundos de Ações
P - Carteira Própria
H - Nome Broker

X - Box
Y - Desmanche de Box
L - Precatório
T - Liquidação pelo Bruto
1 - POP

Especificações diversas
    A coluna Q indica liquidação no Agente do Qualificado
    IRRF Day-Trade R$ -516,11 ; Projeção R$ 0,00

Observação: (1) As operações a futuro não são computadas no líquido da fatura

Inter DTVM Ltda.

Figura 10 - 03/04/2020

É vergonhoso o que se passa nessa nota de corretagem, apesar desta não ser a minha pior nota. Uma verdadeira aula do que não fazer. Comprei PETR4 próximo da máxima do dia que foi de R$ 16,36. O papel virou para queda muito rápido e fui obrigado a vender em R$ 15,50, mas o prejuízo poderia ter sido bem menor se eu tivesse feito uso da ferramenta Stop Loss. E na tentativa de recuperar o prejuízo futuramente, comprei 500 ações por R$ 15,50 acreditando na valorização nos dias seguintes.

O momento da Petrobrás era bastante delicado, porque Rússia e Arábia Saudita estavam em uma guerra de preços do petróleo, aliado a baixa demanda da commodity em meio a pandemia de Covid-19. Qualquer notícia que indicasse uma redução na produção de petróleo era ótimo para as ações da empresa e poderia significar o início da recuperação. Por isso, eu insistia tanto em Petrobrás, pois o mundo não funciona sem petróleo e não tinha como as ações continuarem naquele patamar por muito tempo.

Se você está começando na bolsa, deve aprender que investir em empresas de commodities, como Petrobrás e Vale, é depender muito do preço do petróleo, minério, etc., nas respectivas bolsas onde são cotados. Se a matéria prima que a empresa produz está em baixa, logicamente seus papéis vão cair, pois o investidor entende que a capacidade da empresa de gerar lucros é reduzida. É por isso que se faz necessário verificar os preços das commodities antes de efetuar qualquer operação, mesmo que o mercado interno esteja de bom humor.

Talvez você tenha reparado que eu ainda não entrei vendido em nenhuma operação e o motivo principal é que a corretora que utilizo não me permite vender um ativo que eu não possuo. E eu acho isso bastante positivo, pois creio que devemos investir em uma empresa acreditando em seu sucesso e não no seu fracasso. Não me simpatizo com quem torce para o declínio da economia com objetivo de lucrar, pois quando o cenário é positivo, todo mundo ganha.

Revertendo o prejuízo

Praça	C/V	Tipo Mercado	Especificação do Título	OBS(*)	Quantidade	Preço Liquidação (R$)	Compra/Venda (R$)	D/C
1-Bovespa	V	VIS	PETR4 PN N2		500	16,82	8.410,00	C
			SubTotal :		500	16,8200	8.410,00	

Resumo dos Negócios		Resumo Financeiro		
Debêntures	0,00	Valor Líquido das Operações(1)	8.410,00	C
Vendas à Vista	8.410,00	Taxa de Liquidação(2)	2,31	D
Compras à Vista	0,00	Taxa de Registro(3)	0,00	D
Opções - Compras	0,00	Total(1+2+3) A	8.407,69	C
Opções - Vendas	0,00	Taxa de Termo/Opções/Futuro	0,00	D
Operações a Termo	0,00	Taxa A.N.A	0,00	D
Operações a Futuro	0,00	Emolumentos	0,25	D
Valor das Oper. com Tit. Publ.	0,00	Total Bolsa B	-0,25	D
Valor das Operações	8.410,00	Corretagem	0,00	D
Valor do Ajuste p/Futuro	0,00	ISS	0,00	D
IR Sobre Corretagem	0,00	I.R.R.F. s/ operações, base 8.410,00	0,42	D
IRRF Sobre Day Trade	0,00	Outras	0,00	D
		Líquido para 09/04/2020	**8.407,44**	**C**

(*) Observações

1 - Corretora ou pessoa vinculada atuou na contra parte
\# - Negócio Direto
B - Liquidação Institucional
D - Day-Trade
F - Cobertura

B - Debêntures
A - Posição Futuro
C - Clubes e Fundos de Ações
P - Carteira Própria
H - Home Broker

X - Box
Y - Desmanche de Box
L - Precatório
T - Liquidação pelo Bruto
1 - POP

Especificações diversas
    A coluna Q indica liquidação no Agente do Qualificado

Observação: (1) As operações a futuro não são computadas no líquido da fatura

Inter DTVM Ltda

Figura 11 - 07/04/2020

Eu sabia que a Petrobrás não me decepcionaria depois de ter tido um prejuízo de R$ 516 com suas ações. Ter permanecido comprado com 500 papéis, me permitiram recuperar todo o prejuízo e ainda lucrar R$ 138. E desta vez, vendi o papel no momento "quase" certo, pois a máxima do dia foi de R$ 17,07. Tudo bem que poderia ter saído com uns R$ 250, mas pelas circunstâncias, foi muito bom.

Não se engane pelo preço

Praça	C/V	Tipo Mercado	Especificação do Título	OBS(*)	Quantidade	Preço Liquidação (R$)	Compra/Venda (R$)	D/C
1-Bovespa	C	VIS	PETR4 PN N2		500	16,68	8.340,00	D
			SubTotal :		500	16,6800	8.340,00	
1-Bovespa	V	VIS	PETR4 PN N2		500	16,70	8.350,00	C
			SubTotal :		500	16,7000	8.350,00	
1-Bovespa	C	VIS	USIM5 PNA N1		2.000	4,22	8.440,00	D
1-Bovespa	C	VIS	USIM5 PNA N1		2.000	4,23	8.460,00	D
1-Bovespa	C	VIS	USIM5 PNA N1		1.000	4,32	4.320,00	D
			SubTotal :		5.000	4,2440	21.220,00	
1-Bovespa	V	VIS	USIM5 PNA N1		2.000	4,23	8.460,00	C
1-Bovespa	V	VIS	USIM5 PNA N1		2.000	4,24	8.480,00	C
1-Bovespa	V	VIS	USIM5 PNA N1		1.000	4,31	4.310,00	C
			SubTotal :		5.000	4,2500	21.250,00	

Resumo dos Negócios		Resumo Financeiro	
Debêntures	0,00	Valor Líquido das Operações(1)	40,00 C
Vendas à Vista	29.600,00	Taxa de Liquidação(2)	11,83 D
Compras à Vista	29.560,00	Taxa de Registro(3)	0,00 D
Opções - Compras	0,00	Total(1+2+3) A	28,17 C
Opções - Vendas	0,00	Taxa de Termo/Opções/Futuro	0,00 D
Operações a Termo	0,00	Taxa A.N.A	0,00 D
Operações a Futuro	0,00	Emolumentos	1,77 D
Valor das Oper. com Tit. Publ.	0,00	Total Bolsa B	**-1,77 D**
Valor das Operações	59.160,00	Corretagem	0,00 D
Valor do Ajuste p/Futuro	0,00	ISS	0,00 D
IR Sobre Corretagem	0,00	I.R.R.F. s/ operações, base 0,00	0,00 D
IRRF Sobre Day Trade	-0,26	Outras	0,00 D
		Líquido para 13/04/2020	26,14 C

(*) Observações

2 - Corretora ou pessoa vinculada atuou na contra parte	B - Debêntures	X - Box
# - Negócio Direto	A - Posição Futuro	Y - Desmanche de Box
8 - Liquidação Institucional	C - Clubes e Fundos de Ações	L - Precatório
D - Day-Trade	P - Carteira Própria	T - Liquidação pelo Bruto
F - Cobertura	H - Home Broker	1 - POP

Especificações diversas

A coluna Q indica liquidação no Agente do Qualificado

IRRF Day-Trade R$ 26,40 , Projeção R$ -0,26

Observação: (1) As operações a futuro não são computadas no líquido da fatura

Inter DTVM Ltda

Figura 12 - 08/04/2020

E novamente lhes apresento um dia pouco produtivo onde realizei quatro operações completas e saí com um lucro de apenas R$ 26. Eu decidi apostar em uma empresa diferente do setor de siderurgia e com as ações bastante baratas. Olhe para aqueles preços girando na casa dos R$ 4,20 e me diga se já não era motivo suficiente para operar neste papel?

Assim como existem empresas caras na bolsa, também existem empresas muito baratas. E os fatores que fazem com que uma ação esteja cotada abaixo dos R$ 7 são variados e vão desde os reflexos de uma crise econômica até fatores diretamente ligados com a administração da empresa. Em outros casos, o papel está no preço correto e reflete de fato o valor da empresa.

Peguemos como exemplo as ações OIBR3. Desde que entrou em processo de recuperação judicial, os papéis da Oi estão entre os de menor valor da bolsa, chegando a custar míseros 50 centavos. Neste patamar, a indicação era de compra moderada, pois o máximo que esses papéis poderiam cair eram mais 50 centavos. Mas é muito importante lembrar que o lucro ou prejuízo está diretamente ligado ao número de ações e não ao valor investido. Comprar 10.000 ações a 50 centavos, representa um investimento de R$ 5.000. Mas se estes papéis caiem apenas 10 centavos, o prejuízo é de mil reais.

Outro exemplo é a Cielo que já viu suas ações valerem R$ 30 e, em 2020, entraram na casa dos R$ 3. A empresa há anos vem sofrendo com a concorrência do mercado de maquininhas, onde outras empresas oferecem os equipamentos de forma definitiva e sem aluguel para os clientes, além de taxas mais competitivas. E as perspectivas para a empresa não são das melhores a curto prazo, portanto, mesmo com as ações estando baratas, não é um bom investimento, visto que a valorização levará um tempo para acontecer.

Volatilidade do mercado

Praça	C/V	Tipo Mercado	Especificação do Título	OBS(*)	Quantidade	Preço Liquidação (R$)	Compra/Venda (R$)	D/C
1-Bovespa	C	VIS	PETR4 PN N2		200	17,49	3.498,00	D
1-Bovespa	C	VIS	PETR4 PN N2		500	17,87	8.935,00	D
			SubTotal :		700	17,7614	12.433,00	

Resumo dos Negócios

Debêntures	0,00	
Vendas à Vista	0,00	
Compras à Vista	12.433,00	
Opções - Compras	0,00	
Opções - Vendas	0,00	
Operações a Termo	0,00	
Operações a Futuro	0,00	
Valor das Oper. com Tit. Publ.	0,00	
Valor das Operações	12.433,00	
Valor do Ajuste p/Futuro	0,00	
IR Sobre Corretagem	0,00	
IRRF Sobre Day Trade	0,00	

Resumo Financeiro

Valor Líquido das Operações(1)	-12.433,00	D
Taxa de Liquidação(2)	3,41	D
Taxa de Registro(3)	0,00	D
Total(1+2+3) A	-12.436,41	D
Taxa de Termo/Opções/Futuro	0,00	D
Taxa A.N.A	0,00	D
Emolumentos	0,37	D
Total Bolsa B	**-0,37**	**D**
Corretagem	0,00	D
ISS	0,00	D
I.R.R.F. s/ operações, base 0,00	0,00	D
Outras	0,00	D
Liquido para 14/04/2020	**-12.436,78**	**D**

(*) Observações

2 - Corretora ou pessoa vinculada atuou na contra parte
\# - Negócio Direto
B - Liquidação Institucional
D - Day Trade
F - Cobertura

B - Debêntures
A - Posição Futuro
C - Clubes e Fundos de Ações
P - Carteira Própria
H - Home Broker

X - Box
Y - Desmanche de Box
L - Precatório
T - Liquidação pelo Bruto
1 - POP

Especificações diversas
    A coluna Q indica liquidação no Agente do Qualificado

Observação: (1) As operações a futuro não são computadas no líquido da fatura.

Inter DTVM Ltda

Figura 13 - 09/04/2020

O dia 09 de abril foi marcado pela expectativa da reunião da Opep+ que definiria um acordo entre os países produtores de petróleo para o corte na produção da commodity. Os papéis da Petrobrás chegaram a atingir os R$ 18,69 naquele dia, após abrirem em R$ 17,94. Seguindo o otimismo do mercado, fiz a primeira compra em R$ 17,87 e comprei mais um pouco quando o papel caiu para R$ 17,49, acreditando que o resultado da reunião iria fazer a cotação subir novamente. Porém, as coisas aconteceram de forma bastante diferente.

A reunião da Opep+ que, segundo rumores, poderia cortar até 20 milhões de barris por dia, frustrou o mercado com um corte mais modesto de 10 milhões de barris, considerado insuficiente. De forma bastante rápida, o mercado virou de mão e eu fiquei sem saber o que fazer, novamente operando sem um Stop Loss. Se tivesse acesso as mesmas fontes de informação dos big players, eu poderia ter evitado aquele desastre, mas o que eu podia fazer era verificar perfis de jornalistas no Twitter a espera de algo relevante.

Meu preço médio para as 700 ações adquiridas naquele dia era de R$ 17,76 e a cotação da PETR4 fechou o dia em R$ 16,82. Fiquei um pouco preocupado, pois eu considerava meu PM um pouco alto para o momento e eu sabia que poderia demorar para este valor ser alcançado novamente. Em 16 de Abril, vi o papel cair para R$ 15,72, mas eu não tinha mais o que fazer, pois não venderia com tamanho prejuízo.

Durante a espera pela recuperação do investimento, não fiz absolutamente nenhuma operação em meu Home Broker. Entrava apenas para ver a cotação em tempo real da Petrobrás. Eu não podia me dar ao luxo de perder mais dinheiro naquele momento. Mas era isso que eu deveria ter feito quando tive meu primeiro prejuízo. Deveria ter abandonado o mercado de ações por completo e hoje eu não estaria escrevendo este livro, porque não teria material suficiente, porém, também não teria acumulado prejuízos.

Paciência é uma virtude

Praça	C/V	Tipo Mercado	Especificação do Título	OBS(*)	Quantidade	Preço Liquidação (R$)	Compra/Venda (R$)	D/C
1-Bovespa	V	VIS	PETR4 PN N2		700	18,00	12.600,00	C
			SubTotal :		700	18,0000	12.600,00	
1-Bovespa	C	VIS	VVAR3 ON NM		500	9,22	4.610,00	D
			SubTotal :		500	9,2200	4.610,00	
1-Bovespa	V	VIS	VVAR3 ON NM		500	9,25	4.625,00	C
			SubTotal :		500	9,2500	4.625,00	

Resumo dos Negócios		Resumo Financeiro	
Debêntures	0,00	Valor Líquido das Operações(1)	12.615,00 C
Vendas à Vista	17.225,00	Taxa de Liquidação(2)	5,31 D
Compras à Vista	4.610,00	Taxa de Registro(3)	0,00 D
Opções - Compras	0,00	Total(1+2+3) A	12.609,69 C
Opções - Vendas	0,00	Taxa de Termo/Opções/Futuro	0,00 D
Operações a Termo	0,00	Taxa A.N.A	0,00 D
Operações a Futuro	0,00	Emolumentos	0,65 D
Valor das Oper. com Tit. Publ.	0,00	Total Bolsa B	**-0,65 D**
Valor das Operações	21.835,00	Corretagem	0,00 D
Valor do Ajuste p/Futuro	0,00	ISS	0,00 D
IR Sobre Corretagem	0,00	I.R.R.F. s/ operações, base 12.600,00	0,63 D
IRRF Sobre Day Trade	-0,12	Outras	0,00 D
		Liquido para 04/05/2020	**12.608,92 C**

(*) Observações

2 - Corretora ou pessoa vinculada atuou na contra parte
\# - Negócio Direto
8 - Liquidação Institucional
D - Day-Trade
F - Cobertura

B - Debêntures
A - Posição Futuro
C - Clubes e Fundos de Ações
P - Carteira Própria
H - Home Broker

X - Box
↑ - Desmanche de Box
L - Precatório
T - Liquidação pelo Bruto
1 - POP

Especificações diversas
    A coluna Q indica liquidação no Agente do Qualificado
    IRRF Day-Trade R$ 12,89 , Projeção R$ -0,12

Observação: (1) As operações à futuro não são computadas no líquido da fatura.

Inter DTVM Ltda.

Figura 14 - 29/04/2020

Foram necessários 20 dias para que a PETR4 alcançasse meu PM e eu pudesse vender sem perder nada. Infelizmente, não acertei a hora de vender, visto que o preço chegou a R$ 18,48 naquele dia e eu vendi a R$ 18. Mas para quem estava a tantos dias na espera, até que não foi tão ruim assim. Me senti bastante aliviado de ter deixado meu patrimônio intacto.

No mesmo dia em que me livrei daquele peso, tive o primeiro contato com as ações da Via Varejo. O papel estava barato e bastante volátil, o pacote perfeito para chamar minha atenção. E é bom que você grave este preço de R$ 9,22 das 500 ações que comprei e vendi no mesmo dia por R$ 9,25. Mais adiante, você vai entender o motivo.

Não opere todo dia

Praça	C/V	Tipo Mercado	Especificação do Título	OBS(*)	Quantidade	Preço Liquidação (R$)	Compra/Venda (R$)	D/C
1-Bovespa	C	VIS	PETR4 PN N2		500	17,80	8.900,00	D
1-Bovespa	C	VIS	PETR4 PN N2		500	18,25	9.125,00	D
			SubTotal :		1.000	18,0250	18.025,00	
1-Bovespa	V	VIS	PETR4 PN N2		500	18,00	9.000,00	C
1-Bovespa	V	VIS	PETR4 PN N2		500	18,10	9.050,00	C
			SubTotal :		1.000	18,0500	18.050,00	

Resumo dos Negócios		Resumo Financeiro		
Debêntures	0,00	Valor Líquido das Operações(1)	25,00	C
Vendas à Vista	18.050,00	Taxa de Liquidação(2)	7,21	D
Compras à Vista	18.025,00	Taxa de Registro(3)	0,00	D
Opções - Compras	0,00	Total(1+2+3) A	17,79	C
Opções - Vendas	0,00	Taxa de Termo/Opções/Futuro	0,00	D
Operações a Termo	0,00	Taxa A.N.A.	0,00	D
Operações a Futuro	0,00	Emolumentos	1,08	D
Valor das Oper. com Tit. Publ.	0,00	Total Bolsa B	-1,08	D
Valor das Operações	36.075,00	Corretagem	0,00	D
Valor do Ajuste p/Futuro	0,00	ISS	0,00	D
IR Sobre Corretagem	0,00	I.R.R.F. s/ operações, base 0,00	0,00	D
IRRF Sobre Day Trade	0,16	Outras	0,00	D
		Líquido para 05/05/2020	16,55	C

(*) Observações

2 - Corretora ou pessoa vinculada atuou na contra parte	6 - Debêntures	X - Box
# - Negócio Direto	A - Posição Futuro	Y - Desmanche de Box
8 - Liquidação Institucional	C - Clubes e Fundos de Ações	L - Precatório
D - Day-Trade	P - Carteira Própria	1 - Liquidação pelo Bruto
F - Cobertura	H - Home Broker	I - POP

Especificações diversas

A coluna Q indica liquidação no Agente do Qualificado
IRRF Day-Trade R$ 16,71 . Projeção R$ -0,16

Observação: (1) As operações a futuro não são computadas no líquido da fatura.

Inter DTVM Ltda.

Figura 15 - 30/04/2020

35

Não tem muito o que falar desta nota de corretagem. Apenas mais um dia que você não entende o porquê abriu o Home Broker para não ter resultados satisfatórios. Mas é aqui que entra um conselho muito importante: você não precisa operar todos os dias. Não faça da bolsa de valores uma obrigação diária como se ela fosse seu emprego. Descanse, estude e observe o mercado de longe antes de decidir qual será o seu próximo passo. Um dia ausente pode tanto significar lucro não ganho quanto dinheiro não perdido.

Pelo segundo mês seguido, fechei com saldo positivo, mas isso não reflete as minhas ações. As coisas não estavam funcionando do ponto de vista técnico e eu não estava com o controle. O mercado era quem me controlava e me forçava a tomar decisões que não faziam parte dos meus planos. Isso nunca é o ideal, pois quem se propõe a lucrar de fato com a renda variável, tem que saber jogar como os grandes jogam e eu claramente não sabia.

MAIO: UM MÊS SEM DAY TRADE

Até o mês o anterior, você me viu operando com Day Trade praticamente em todas as notas de corretagem e essa era de fato a minha intenção. Os momentos em que fiquei comprado em uma ação, foi por falta de opção, ao ver o ativo se desvalorizar logo após a compra. Minha estratégia era falha, mesmo que os lucros aparecessem. Fechei abril no positivo graças ao bom desempenho nas operações normais, mas o prejuízo em Day Trade ficou em R$ 223.

O mês de maio me proporcionou uma tranquilidade em operar na bolsa que eu ainda não tinha tido. Não precisar se preocupar tanto com a variação intraday de um papel é muito bom. Mas eu continuei errando os momentos de compra e a explicação está na minha insistência em não aprender a utilizar gráficos.

Um dos benefícios em realizar somente operações normais é não ter que se preocupar com o pagamento mensal de impostos. Todo investidor tem o direito de vender um volume total de R$ 20.000 em ações por mês e o lucro resultante dessas vendas é isento de imposto. Mas não confunda volume de venda com lucro. Já no Day trade, todo lucro é tributável e o imposto deve ser pago até o último dia útil do mês seguinte quando o valor do imposto devido for igual ou superior a R$ 10. Caso seja inferior, você anota e aguarda até que seu saldo de imposto atinja o valor mínimo para pagamento.

Investidor tradicional

Praça	C/V	Tipo Mercado	Especificação do Título	OBS(*)	Quantidade	Preço Liquidação (R$)	Compra/Venda (R$)	D/C
1-Bovespa	C	VIS	PETR4 PN N2		200	17,47	3.494,00	D
			SubTotal :		200	17,4700	3.494,00	

Resumo dos Negócios		Resumo Financeiro	
Debêntures	0,00	Valor Líquido das Operações(1)	-3.494,00 D
Vendas à Vista	0,00	Taxa de Liquidação(2)	0,96 D
Compras à Vista	3.494,00	Taxa de Registro(3)	0,00 D
Opções - Compras	0,00	Total(1+2+3) A	-3.494,96 D
Opções - Vendas	0,00	Taxa de Termo/Opções/Futuro	0,00 D
Operações a Termo	0,00	Taxa A.N.A	0,00 D
Operações a Futuro	0,00	Emolumentos	0,10 D
Valor das Oper. com Tit. Publ.	0,00	Total Bolsa B	**-0,10 D**
Valor das Operações	3.494,00	Corretagem	0,00 D
Valor do Ajuste p/Futuro	0,00	ISS	0,00 D
IR Sobre Corretagem	0,00	I.R.R.F s/ operações, base 0,00	0,00 D
IRRF Sobre Day Trade	0,00	Outras	0,00 D
		Líquido para 06/05/2020	**-3.495,06 D**

(*) Observações
2 - Corretora ou pessoa vinculada atuou na contra parte
- Negócio Direto
8 - Liquidação Institucional
D - Day-Trade
F - Cobertura

B - Debêntures
A - Posição Futuro
C - Clubes e Fundos de Ações
P - Carteira Própria
H - Home Broker

X - Box
Y - Desmanche de Box
L - Precatório
T - Liquidação pelo Bruto
1 - POP

Especificações diversas
A coluna Q indica liquidação no Agente do Qualificado

Observação: (1) As operações a futuro não são computadas no líquido da fatura.

Inter DTVM Ltda.

Figura 16 - 04/05/2020

Comecei o mês de maio fazendo uma operação normal de dois lotes em PETR4. Fui bastante cauteloso, voltando a comprar em menores quantidades para diminuir a exposição ao risco. Em relação a minha última venda em PETR4 nos R$ 18, tivemos aí uma desvalorização do ativo e enxerguei uma oportunidade de compra. Porém, o papel terminou o dia cotado em R$ 17,38.

Praça	C/V	Tipo Mercado	Especificação do Título	OBS(*)	Quantidade	Preço Liquidação (R$)	Compra/Venda (R$)	D/C
1-Bovespa	V	VIS	PETR4 PN N2		200	18,35	3.670,00	C
			SubTotal :		200	18,3500	3.670,00	

Resumo dos Negócios		Resumo Financeiro	
Debêntures	0,00	Valor Líquido das Operações(1)	3.670,00 C
Vendas à Vista	3.670,00	Taxa de Liquidação(2)	1,00 D
Compras à Vista	0,00	Taxa de Registro(3)	0,00 D
Opções - Compras	0,00	Total(1+2+3) A	3.669,00 C
Opções - Vendas	0,00	Taxa de Termo/Opções/Futuro	0,00 D
Operações a Termo	0,00	Taxa A.N.A	0,00 D
Operações a Futuro	0,00	Emolumentos	0,12 D
Valor das Oper. com Tít. Publ.	0,00	Total Bolsa B	-0,12 D
Valor das Operações	3.670,00	Corretagem	0,00 D
Valor do Ajuste p/Futuro	0,00	ISS	0,00 D
IR Sobre Corretagem	0,00	I.R.R.F. s/ operações, base 3.670,00	0,18 D
IRRF Sobre Day Trade	0,00	Outras	0,00 D
		Líquido para 12/05/2020	3.668,88 C

(*) Observações
2 - Corretora ou pessoa vinculada atuou na contra parte
- Negócio Direto
8 - Liquidação Institucional
D - Day Trade
F - Cobertura

B - Debêntures
A - Posição Futuro
C - Clubes e Fundos de Ações
P - Carteira Própria
H - Home Broker

X - Box
Y - Desmanche de Box
L - Precatório
T - Liquidação pelo Bruto
1 - PQP

Especificações diversas
A coluna Q indica liquidação no Agente do Qualificado

Observação (1) As operações a futuro não são computadas no líquido da fatura

Inter DTVM Ltda.

Figura 17 - 08/05/2020

Eu poderia ter vendido minhas 200 ações logo no dia seguinte da compra por R$ 17,94, mas meu objetivo era obter um lucro maior e eu estava bastante tranquilo devido ao baixo valor investido. Fiz minha análise e considerei que a cotação do papel tinha grandes chances de ultrapassar a casa dos R$ 18 muito rápido. Efetuei a venda quatro dias depois por R$ 18,35, o que representou um lucro de R$ 173. Um bom retorno pelo valor investido. A mesma quantia aplicada em um LCI que rende 110% do CDI, demoraria 14 meses para render o mesmo.

Praça	C/V	Tipo Mercado	Especificação do Título	OBS(*)	Quantidade	Preço Liquidação (R$)	Compra/Venda (R$)	D/C
1-Bovespa	C	VIS	PETR4 PN N2		300	18,52	5.556,00	D
			SubTotal :		300	18,5200	5.556,00	

Resumo dos Negócios		Resumo Financeiro	
Debêntures	0,00	Valor Líquido das Operações(1)	-5.556,00 D
Vendas à Vista	0,00	Taxa de Liquidação(2)	1,52 D
Compras à Vista	5.556,00	Taxa de Registro(3)	0,00 D
Opções - Compras	0,00	Total(1+2+3) A	-5.557,52 D
Opções - Vendas	0,00	Taxa de Termo/Opções/Futuro	0,00 D
Operações a Termo	0,00	Taxa A.N.A	0,00 D
Operações a Futuro	0,00	Emolumentos	0,18 D
Valor das Oper. com Tít. Publ.	0,00	Total Bolsa B	**-0,18 D**
Valor das Operações	5.556,00	Corretagem	0,00 D
Valor do Ajuste p/Futuro	0,00	ISS	0,00 D
IR Sobre Corretagem	0,00	I.R.R.F. s/ operações, base 0,00	0,00 D
IRRF Sobre Day Trade	0,00	Outras	0,00 D
		Liquido para 13/05/2020	**-5.557,70 D**

(*) Observações
2 - Corretora ou pessoa vinculada atuou na contra parte
\# - Negócio Direto
8 - Liquidação Institucional
D - Day Trade
F - Cobertura

B - Debêntures
A - Posição Futuro
C - Clubes e Fundos de Ações
P - Carteira Própria
H - Home Broker

X - Box
Y - Desmanche de Box
L - Precatório
T - Liquidação pelo Bruto
1 - POP

Especificações diversas
A coluna Q indica liquidação no Agente do Qualificado.

Observação: (1) As operações a futuro não são computadas no líquido da fatura.

_____
Inter DTVM Ltda.

Figura 18 - 11/05/2020

Após o sucesso da operação anterior, resolvi aumentar em um lote minha aposta em PETR4. Comprei errado novamente, pois a cotação encerrou o dia em R$ 18,15. É um erro grave essa discrepância de valores, mas eu repito que isso só pode ser evitado com análise gráfica. Operar no olhômetro da variação de preço como eu fazia é pedir para sofrer. Mas se você se encontrar em uma situação dessas, não se desespere e tenha paciência. Se a empresa for sólida, a valorização virá nos próximos dias ou até mesmo no dia seguinte.

Praça	C/V	Tipo Mercado	Especificação do Título	OBS(*)	Quantidade	Preço Liquidação (R$)	Compra/Venda (R$)	D/C
1-Bovespa	V	VIS	PETR4 PN N2		300	19,33	5.799,00	C
			SubTotal :		300	19,3300	5.799,00	

Resumo dos Negócios		Resumo Financeiro	
Debêntures	0,00	Valor Líquido das Operações(1)	5.799,00 C
Vendas à Vista	5.799,00	Taxa de Liquidação(2)	1,59 D
Compras à Vista	0,00	Taxa de Registro(3)	0,00 D
Opções - Compras	0,00	Total(1+2+3) A	5.797,41 C
Opções - Vendas	0,00	Taxa de Termo/Opções/Futuro	0,00 D
Operações a Termo	0,00	Taxa A.N.A	0,00 D
Operações a Futuro	0,00	Emolumentos	0,19 D
Valor das Oper. com Tit. Publ.	0,00	Total Bolsa B	-0,19 D
Valor das Operações	5.799,00	Corretagem	0,00 D
Valor do Ajuste p/Futuro	0,00	ISS	0,00 D
IR Sobre Corretagem	0,00	I.R.R.F. s/ operações, base 5.799,00	0,28 D
IRRF Sobre Day Trade	0,00	Outras	0,00 D
		Líquido para 22/05/2020	5.797,22 C

(*) Observações

2 - Corretora ou pessoa vinculada atuou na contra parte	B - Debêntures	X - Box
# - Negócio Direto	A - Posição Futuro	Y - Desmancha de Box
B - Liquidação Institucional	C - Clubes e Fundos de Ações	L - Precatório
D - Day-Trade	P - Carteira Própria	T - Liquidação pelo Bruto
F - Cobertura	H - Home Broker	1 - POP

Especificações diversas

A coluna Q indica liquidação no Agente do Qualificado

Observação: (1) As operações a futuro não são computadas no líquido da fatura.

_____

Inter DTVM Ltda.

Figura 19 - 20/05/2020

Foram necessários sete pregões para que eu conseguisse vender minhas 300 ações com lucro. Vi o preço cair para R$ 17,15 no dia 15, subir para R$ 18,54 no dia 18 e finalmente efetuei a venda por R$ 19,33 no dia 20, lucrando R$ 239. Consegui vender no momento certo, visto que a cotação alcançou a máxima de R$ 19,44, valor não tão superior à minha ordem de venda. Seria ótimo se sempre aparecesse oportunidades de efetuar operações de curto prazo como essa. Mas a realidade é que a variação demonstrada aqui, nem sempre ocorre.

Curto prazo

Praça	C/V	Tipo Mercado	Especificação do Título	OBS(*)	Quantidade	Preço Liquidação (R$)	Compra/Venda (R$)	D/C
1-Bovespa	C	VIS	PETR4 PN N2		400	19,65	7.860,00	D
			SubTotal :		400	19,6500	7.860,00	

Resumo dos Negócios		Resumo Financeiro		
Debêntures	0,00	Valor Líquido das Operações(1)	7.860,00	D
Vendas à Vista	0,00	Taxa de Liquidação(2)	2,16	D
Compras à Vista	7.860,00	Taxa de Registro(3)	0,00	D
Opções - Compras	0,00	Total(1+2+3) A	7.862,16	D
Opções - Vendas	0,00	Taxa de Termo/Opções/Futuro	0,00	D
Operações a Termo	0,00	Taxa A.N.A	0,00	D
Operações a Futuro	0,00	Emolumentos	0,26	D
Valor das Oper. com Tit. Publ.	0,00	Total Bolsa B	**-0,26**	**D**
Valor das Operações	7.860,00	Corretagem	0,00	D
Valor do Ajuste p/Futuro	0,00	ISS	0,00	D
IR Sobre Corretagem	0,00	I.R.R.F. s/ operações, base 0,00	0,00	D
IRRF Sobre Day Trade	0,00	Outras	0,00	D
		Liquido para 25/05/2020	**-7.862,42**	**D**

(*) Observações:
2 - Corretora ou pessoa vinculada atuou na contra parte
\# - Negócio Direto
8 - Liquidação Institucional
D - Day-Trade
F - Cobertura

B - Debêntures
A - Posição Futura
C - Clubes e Fundos de Ações
P - Carteira Própria
H - Home Broker

X - Box
Y - Desmanche de Box
L - Precatório
T - Liquidação pelo Bruto
1 - POP

Especificações diversas
    A coluna Q indica liquidação no Agente do Qualificado

Observação: (1) As operações a futuro não são computadas no líquido da fatura.

_____
Inter DTVM Ltda.

Figura 20 - 21/05/2020

Se você verificar quanto estava a cotação de PETR4 nos dias 22 e 25 de maio, pode parecer que eu apenas segurei os papéis por um pouco mais de tempo, porque não tinha alternativa. A verdade é que eu poderia ter vendido eles nos dias 26, 27, 28 e 29 tranquilamente, mas o momento indicava que se eu esperasse um pouco mais, poderia sair com um lucro de quase R$ 2 por ação.

Comprando mais caro

Praça	C/V	Tipo Mercado	Especificação do Título	OBS(*)	Quantidade	Preço Liquidação (R$)	Compra/Venda (R$)	D/C
1-Bovespa	C	VIS	VVAR3 ON NM		500	11,95	5.975,00	D
			SubTotal :		500	11,9500	5.975,00	

Resumo dos Negócios		Resumo Financeiro		
Debentures	0,00	Valor Líquido das Operações(1)	-5.975,00	D
Vendas à Vista	0,00	Taxa de Liquidação(2)	1,64	D
Compras à Vista	5.975,00	Taxa de Registro(3)	0,00	D
Opções - Compras	0,00	Total(1+2+3) A	-5.976,64	D
Opções - Vendas	0,00	Taxa de Termo/Opções/Futuro	0,00	D
Operações a Termo	0,00	Taxa A N A	0,00	D
Operações a Futuro	0,00	Emolumentos	0,19	D
Valor das Oper. com Tit. Publ.	0,00	Total Bolsa B	**-0,19**	**D**
Valor das Operações	5.975,00	Corretagem	0,00	D
Valor do Ajuste p/Futuro	0,00	ISS	0,00	D
IR Sobre Corretagem	0,00	I.R.R.F. s/ operações, base 0,00	0,00	D
IRRF Sobre Day Trade	0,00	Outras	0,00	D
		Líquido para 28/05/2020	**-5.976,83**	**D**

(*) Observações
) - Corretora ou pessoa vinculada atuou na contra parte   B - Debêntures   X - Box
- Negócio Direto   A - Posição Futuro   Y - Desmanche de Box
8 - Liquidação Institucional   C - Clubes e Fundos de Ações   L - Prenatório
D - Day-Trade   P - Carteira Própria   T - Liquidação pelo Bruto
) - Cobertura   H - Home Broker   1 - POP

Especificações diversas
   A coluna Q indica liquidação no Agente do Qualificado.

Observação: (1) As operações a futuro não são computadas no líquido da fatura

Inter DTVM Ltda.

Figura 21 - 26/05/2020

Lembra que eu pedi para você gravar o preço dos papéis VVAR3 no primeiro Day Trade que fiz com eles? O valor era de R$ 9,22 e eu tinha comprado 500 ações. Veja que agora estou comprando exatamente a mesma quantidade por R$ 11,95. Se eu tivesse ficado posicionado, o lucro já seria de R$ 2,35 por ação, visto que o papel fechou em R$ 11,57 no dia 26. A bolsa não perdoa nem os precipitados que vendem antes da hora e nem os atrasados.

JUNHO: O COMEÇO DO FRACASSO

O título deste capítulo não traduz o que de fato foi o mês de junho. Quando eu fizer a análise logo após a última nota de corretagem, talvez você se convença de que eu sou uma pessoa dramática que na verdade sabe operar na bolsa, ao invés de alguém que está tentando dizer através de suas próprias experiências que a bolsa de valores é perigosa para quem está começando. Mas eu te aviso que a trajetória de quase todos aqueles que falharam de alguma forma ao tentar multiplicar seu patrimônio na renda variável, teve um bom começo.

Neste mês, eu fiz apenas um Day Trade, apostando na valorização a curto prazo e não nos ganhos diários. E hoje eu tenho a certeza de que este é o único caminho a seguir, mesmo que muita gente diga o contrário, porque o que não falta são "traders de elite" tentando vender seus cursos por aí, te convencendo a operar na bolsa com Day Trade de índice de dólar, que é mil vezes mais arriscado do que ações. Meu conselho é que você ignore essas pessoas, porque se elas estivessem ganhando rios de dinheiro com suas técnicas infalíveis, não estariam vendendo cursos.

A verdade é que você não vai ficar rico investindo na bolsa, mas pode sim ter bons resultados se tiver uma boa dose de cautela e saber antecipar os movimentos do mercado.

Caro para investir

Praça	C/V	Tipo Mercado	Especificação do Título	OBS(*)	Quantidade	Preço Liquidação (R$)	Compra/Venda (R$)	D/C
1-Bovespa	V	VIS	PETR4 PN N2		400	21,15	8.460,00	C
			SubTotal :		400	21,1500	8.460,00	
1-Bovespa	C	VIS	USIM5 PNA N1		500	6,95	3.475,00	D
			SubTotal :		500	6,9500	3.475,00	

Resumo dos Negócios		Resumo Financeiro	
Debêntures	0,00	Valor Líquido das Operações(1)	4.985,00 C
Vendas à Vista	8.460,00	Taxa de Liquidação(2)	3,28 D
Compras à Vista	3.475,00	Taxa de Registro(3)	0,00 D
Opções - Compras	0,00	Total(1+2+3) A	4.981,72 C
Opções - Vendas	0,00	Taxa de Termo/Opções/Futuro	0,00 D
Operações a Termo	0,00	Taxa A.N.A	0,00 D
Operações a Futuro	0,00	Emolumentos	0,39 D
Valor das Oper. com Tit. Publ.	0,00	Total Bolsa B	**-0,39 D**
Valor das Operações	11.935,00	Corretagem	0,00 D
Valor do Ajuste p/Futuro	0,00	ISS	0,00 D
IR Sobre Corretagem	0,00	I.R.R.F. s/ operações, base 8.460,00	0,42 D
IRRF Sobre Day Trade	0,00	Outras	0,00 D
		Líquido para 04/06/2020	**4.981,33 C**

(*) Observações:

2 - Corretora ou pessoa vinculada atuou na contra parte	B - Debêntures	X - Box
# - Negócio Direto	A - Posição Futuro	Y - Desmanche de Box
B - Liquidação Institucional	C - Clubes e Fundos de Ações	L - Precatório
D - Day Trade	P - Carteira Própria	T - Liquidação pelo Bruto
F - Cobertura	H - Home Broker	1 - POP

Especificações diversas
    A coluna Q indica liquidação no Agente do Qualificado

Observação: (1) As operações a futuro não são computadas no líquido da fatura.

_____

Inter DTVM Ltda.

Figura 22 - 02/06/2020

Chegou o momento deu me despedir da Petrobrás. Foi muito boa a minha experiência com as ações desta empresa e eu continuaria a investir nela se seu preço já não estivesse acima dos R$ 20 reais. Neste patamar, o valor investido teria que ser maior para maximizar os lucros e minha estratégia não comportava tal aumento. Recomendo investir nesta empresa, pois mesmo em um cenário de deterioração da economia mundial, ela foi capaz de se recuperar muito rápido. Em nenhum momento eu fiquei desesperado quando o preço das ações caiu até R$ 2 abaixo do que eu tinha comprado. Eu sabia que bastava resolver o problema da crise de petróleo para os investidores voltarem a apostar na maior empresa do Brasil.

Comecei o mês vendendo minhas ações PETR4 e obtendo um lucro de R$ 595. Um excelente resultado que qualquer investidor pequeno ficaria muito feliz em obter. Um trabalhador brasileiro que recebe um salário mínimo precisa trabalhar 15 dias para ganhar este valor e eu ganhei sem precisar fazer nenhum esforço, além o de arriscar o meu dinheiro. E eu não tive que pagar imposto sobre este lucro, pois as vendas totais no mês não ultrapassaram a quantia de R$ 20.000. Esta é uma estratégia que eu recomendo para manter 100% do lucro ao invés de entregar 15% para a Receita Federal.

Em relação a Usiminas, já comecei com 500 ações e não tive muito receio devido ao valor reduzido. Vi algumas análises recomendando esta empresa, apontando que o setor de siderurgia iria se recuperar relativamente rápido e resolvi apostar. Conhecia pouco a empresa e não fiz nenhuma análise própria antes de lançar a ordem de compra. Já adianto que não perdi dinheiro com esta operação, mas não é nem um pouco recomendado que você compre ações baseado somente na recomendação de terceiros, principalmente se estes terceiros forem youtubers e outras pessoas que não trabalham no mercado financeiro e não recebem para fazer análises e serem bons nisso.

Aumentando o preço médio

Praça	C/V	Tipo Mercado	Especificação do Título	OBS(*)	Quantidade	Preço Liquidação (R$)	Compra/Venda (R$)	D/C
1-Bovespa	C	VIS	VVAR3 ON NM		500	16,23	8.115,00	D
			SubTotal :		500	16,2300	8.115,00	

Resumo dos Negócios		Resumo Financeiro		
Debêntures	0,00	Valor Líquido das Operações(1)	8.115,00	D
Vendas à Vista	0,00	Taxa de Liquidação(2)	2,23	D
Compras à Vista	8.115,00	Taxa de Registro(3)	0,00	D
Opções - Compras	0,00	Total(1+2+3) A	8.117,23	D
Opções - Vendas	0,00	Taxa de Termo/Opções/Futuro	0,00	D
Operações a Termo	0,00	Taxa A.N.A	0,00	D
Operações a Futuro	0,00	Emolumentos	0,26	D
Valor das Oper. com Tit. Publ.	0,00	Total Bolsa B	-0,26	D
Valor das Operações	8.115,00	Corretagem	0,00	D
Valor do Ajuste p/Futuro	0,00	ISS	0,00	D
IR Sobre Corretagem	0,00	I.R.R.F. s/ operações, base 0,00	0,00	D
IRRF Sobre Day Trade	0,00	Outras	0,00	D
		Liquido para 18/06/2020	-8.117,49	D

(*) Observações

2 - Corretora ou pessoa vinculada atuou na contra parte	B - Debêntures	X - Box
# - Negócio Direto	A - Posição Futuro	Y - Desmanche de Box
8 - Liquidação Institucional	C - Clubes e Fundos de Ações	L - Precatório
D - Day-Trade	P - Carteira Própria	T - Liquidação pelo Bruto
F - Cobertura	H - Home Broker	1 - POP

Especificações diversas
A coluna Q indica liquidação no Agente do Qualificado

Observação: (1) As operações a futuro não são computadas no líquido da fatura

Inter DTVM Ltda.

Figura 23 - 16/06/2020

Pelo menos uma vez, você se arrependerá de não ter comprado um número maior de ações quando estavam baratas. Nesse cenário, você tem duas opções: ou você se contenta com a quantidade que já possui ou aumenta seu preço médio comprando mais ações por um preço superior. Para a segunda opção é preciso verificar qual o lucro atual e considerar que ele pode ser reduzido com o aumento do PM. Além disso, é essencial analisar a perspectiva de valorização do ativo, pois não adianta nada você aumentar sua posição hoje e amanhã se iniciar uma correção no preço. No meu caso, considerando a cotação de R$ 16,23 que paguei por mais 500 ações, eu já estava com um lucro de R$ 2.140 apenas com o que eu havia comprado no dia 26 de maio. No entanto, como meu PM subiu para R$ 14,09, meu lucro foi reduzido para R$ 1.060 considerando que o preço da VVAR3 fechou em R$ 15,15 no dia 16. Ou seja, fiz um péssimo negócio.

Os papéis da Via Varejo foram um dos que mais se valorizaram em 2020. Em março, eles estavam na casa dos R$ 4 e quem teve recursos para investir pesado nessa época, ficou rico caso tenha tido paciência de esperar o preço ultrapassar os R$ 20 alguns meses depois. Foi uma subida muito rápida impulsionada por investidores influentes que incentivavam pessoas físicas a investir na Via Varejo, apoiado pelo discurso de renovação da empresa. Confesso que minha impressão era de que na prática, a realidade da empresa não era tão maravilhosa quanto os investidores de redes sociais estavam tentando nos fazer acreditar. Mas o fato é que sendo verdade ou não, muita gente lucrou bem, mesmo que tenha comprado apenas 500 ações.

Em suma, se você perdeu o trem, não tente correr atrás dele. Espere ele retornar ou, pelo menos, se aproximar um pouco mais de você. Se isso não acontecer, bola pra frente e não fique lamentando, pois pelo menos você não tomou uma decisão que poderia reduzir seu lucro ou te dar prejuízo. É como diz o ditado: "mais vale um pássaro na mão do que dois voando".

Baixa liquidez

Praça	C/V	Tipo Mercado	Especificação do Título	OBS(*)	Quantidade	Preço Liquidação (R$)	Compra/Venda (R$)	D/C
1-Bovespa	C	VIS	CIEL3 ON NM	D	500	5,66	2.830,00	D
			SubTotal :		500	5,6600	2.830,00	
1-Bovespa	V	VIS	CIEL3 ON NM	D	500	5,67	2.835,00	C
			SubTotal :		500	5,6700	2.835,00	

Resumo dos Negócios

Debêntures	0,00		
Vendas à Vista	2.835,00		
Compras à Vista	2.830,00		
Opções - Compras	0,00		
Opções - Vendas	0,00		
Operações a Termo	0,00		
Operações a Futuro	0,00		
Valor das Oper. com Tít. Publ.	0,00		
Valor das Operações	5.665,00		
Valor do Ajuste p/Futuro	0,00		
IR Sobre Corretagem	0,00		
IRRF Sobre Day Trade	-0,03		

Resumo Financeiro

Valor Líquido das Operações(1)	5,00	C
Taxa de Liquidação(2)	1,13	D
Taxa de Registro(3)	0,00	D
Total(1+2+3)	3,87	C
Taxa de Termo/Opções/Futuro	0,00	D
Taxa A.N.A.	0,00	D
Emolumentos	0,18	D
Total Bolsa B	-0,18	D
Corretagem	0,00	D
ISS	0,00	D
I.R.R.F. s/ operações, base 0,00	0,00	D
Outras	0,00	D
Líquido para 23/06/2020	**3,66**	**C**

(*) Observações:
2 - Corretora ou pessoa vinculada atuou na contra parte
* - Negócio Direto
8 - Liquidação Institucional
D - Day-Trade
F - Cobertura

B - Debêntures
A - Posição Futuro
C - Clubes e Fundos de Ações
P - Carteira Própria
H - Home Broker

X - Box
Y - Desmanche de Box
L - Precatório
T - Liquidação pelo Bruto
1 - POP

Especificações diversas
A coluna Q indica liquidação no Agente do Qualificado
IRRF Day-Trade R$ 3,69 , Projeção R$ -0,03

Observação: (1) As operações a futuro não são computadas no líquido da fatura.

Inter DTVM Ltda.

Figura 24 - 19/06/2020

Depois de tantos dias sem fazer Day Trade, resolvi tentar de novo. Optei pela Cielo devido ao baixo preço dos seus papéis, mas essa foi uma escolha equivocada, pois a liquidez do papel estava baixa. Ações que o preço varia pouco durante o dia e que para ter uma ordem de compra ou venda executada é preciso esperar alguns minutos mesmo que o preço alvo tenha sido atingido, não servem para Day Trade.

Época de balanços

Praça	C/V	Tipo Mercado	Especificação do Título	OBS(*)	Quantidade	Preço Liquidação (R$)	Compra/Venda (R$)	D/C
1-Bovespa	C	VIS	IRBR3 ON NM		500	12,80	6.400,00	D
			SubTotal :		500	12,8000	6.400,00	
1-Bovespa	V	VIS	USIM5 PNA N1		500	7,25	3.625,00	C
			SubTotal :		500	7,2500	3.625,00	

Resumo dos Negócios		Resumo Financeiro	
Debêntures	0,00	Valor Líquido das Operações(1)	-2.775,00 D
Vendas à Vista	3.625,00	Taxa de Liquidação(2)	2,75 D
Compras à Vista	6.400,00	Taxa de Registro(3)	0,00 D
Opções - Compras	0,00	Total(1+2+3) A	-2.777,75 D
Opções - Vendas	0,00	Taxa de Termo/Opções/Futuro	0,00 D
Operações a Termo	0,00	Taxa A.N.A	0,00 D
Operações a Futuro	0,00	Emolumentos	0,32 D
Valor das Oper. com Tit. Publ.	0,00	Total Bolsa B	-0,32 D
Valor das Operações	10.025,00	Corretagem	0,00 D
Valor do Ajuste p/Futuro	0,00	ISS	0,00 D
IR Sobre Corretagem	0,00	I.R.R.F. s/ operações, base 3.625,00	0,18 D
IRRF Sobre Day Trade	0,00	Outras	0,00 D
		Líquido para 25/06/2020	-2.778,07 D

(*) Observações
2 - Corretora ou pessoa vinculada atuou na contra parte
\# - Negócio Direto
B - Liquidação Institucional
D - Day-Trade
F - Cobertura

B - Debêntures
A - Posição Futuro
C - Clubes e Fundos de Ações
P - Carteira Própria
H - Home Broker

X - Box
Y - Desmanche de Box
L - Precatório
T - Liquidação pelo Bruto
1 - POP

Especificações diversas
A coluna Q indica liquidação no Agente do Qualificado

Observação: (1) As operações a futuro não são computadas no líquido da fatura

Inter DTVM Ltda.

Figura 25 - 23/06/2020

Todas as empresas listadas em bolsa são obrigadas a divulgar o resultado trimestral apontando o lucro ou prejuízo. O balanço dita o humor do mercado no pregão seguinte a divulgação do resultado, podendo fazer o preço decolar ou desabar. Não existe uma regra que diz que se o resultado for positivo, as ações irão subir. Muitas vezes, acontece exatamente o contrário. A empresa apresenta um resultado duvidoso e as ações sobem muito. Ou apresenta um lucro acima do que o mercado esperava, mas as ações desabam. Tentar entender o que provoca este movimento é mais difícil do que compreender uma fórmula de física quântica.

Minha opção por investir na IRBR3 foi motivada por uma sequência de fortes altas que o papel teve antes da divulgação do balanço. A IRB em 2020 viu suas ações despencarem de R$ 40 para menos de R$ 10, após uma gestora de investimentos revelar irregularidades contábeis na empresa. Após relatórios de auditorias e mudanças de gestão, o mercado parecia animado com a recuperação da empresa e isso me motivou a comprar. A sensação era de que os grandes investidores já sabiam do resultado e, por isso, começavam a aumentar suas posições.

Eu conheci a IRB apenas alguns dias antes de investir nela. Mesmo sendo a maior resseguradora do país, eu não sabia de sua existência, e nem tinha motivos até então, já que o setor de seguros não é algo que me desperte o interesse. Mas claro que a partir do momento que cogito colocar meu dinheiro em uma empresa, tenho sim a obrigação de estudar sobre ela para proteger meu patrimônio. Confesso que eu não fiz isso e apenas procurei a opinião de outros investidores que estavam super animados com a possibilidade do preço disparar após o balanço. Um verdadeiro tiro no escuro.

Até que eu tive uma certa cautela inicial ao comprar somente 500 ações. Porém, você verá mais adiante que eu fiz mais duas compras, agindo com imprudência ao não calcular os riscos envolvidos e sem traçar uma estratégia emergencial de redução de danos.

Abaixando o preço médio

Praça	C/V	Tipo Mercado	Especificação do Título	OBS(*)	Quantidade	Preço Liquidação (R$)	Compra/Venda (R$)	D/C
1-Bovespa	C	VIS	IRBR3 ON NM		500	11,90	5.950,00	D
			SubTotal :		500	11,9000	5.950,00	

Resumo dos Negócios		Resumo Financeiro	
Debêntures	0,00	Valor Líquido das Operações(1)	5.950,00 D
Vendas à Vista	0,00	Taxa de Liquidação(2)	1,63 D
Compras à Vista	5.950,00	Taxa de Registro(3)	0,00 D
Opções - Compras	0,00	Total(1+2+3) A	-5.951,63 D
Opções - Vendas	0,00	Taxa de Termo/Opções/Futuro	0,00 D
Operações a Termo	0,00	Taxa A.N.A	0,00 D
Operações a Futuro	0,00	Emolumentos	0,19 D
Valor das Oper. com Tit. Publ	0,00	Total Bolsa B	-0,19 D
Valor das Operações	5.950,00	Corretagem	0,00 D
Valor do Ajuste p/Futuro	0,00	ISS	0,00 D
IR Sobre Corretagem	0,00	I.R.R.F. s/ operações, base 0,00	0,00 D
IRRF Sobre Day Trade	0,00	Outras	0,00 D
		Líquido para 30/06/2020	-5.951,82 D

(*) Observações
2 - Corretora ou pessoa vinculada atuou na contra parte
\# - Negócio Direto
8 - Liquidação Institucional
D - Day-Trade
F - Cobertura

B - Debêntures
A - Posição Futuro
C - Clubes e Fundos de Ações
P - Carteira Própria
H - Home Broker

X - Box
Y - Desmanche de Box
L - Precatório
T - Liquidação pelo Bruto
1 - POP

Especificações diversas
     A coluna Q indica liquidação no Agente do Qualificado

Observação: (1) As operações a futuro não são computadas no líquido da fatura

Inter DTVM Ltda.

Figura 26 - 26/06/2020

Você já me viu aumentando meu PM em um ativo, o que foi uma atitude desastrosa, mas agora, faço justamente o contrário e reduzo o PM em IRBR3. Este tipo de prática é usada para reduzir o prejuízo ou aumentar os lucros futuros. Eu estava visando os lucros ao fazer isso, mas se eu pudesse voltar no tempo, jamais o teria feito.

Brincando com o perigo

Praça	C/V	Tipo Mercado	Especificação do Título	OBS(*)	Quantidade	Preço Liquidação (R$)	Compra/Venda (R$)	D/C
1-Bovespa	C	VIS	IRBR3 ON NM		200	12,35	2.470,00	D
			SubTotal :		200	12,3500	2.470,00	
1-Bovespa	V	VIS	VVAR3 ON NM		500	15,15	7.575,00	C
			SubTotal :		500	15,1500	7.575,00	

Resumo dos Negócios		Resumo Financeiro		
Debêntures	0,00	Valor Líquido das Operações(1)	5.105,00	C
Vendas à Vista	7.575,00	Taxa de Liquidação(2)	2,76	D
Compras à Vista	2.470,00	Taxa de Registro(3)	0,00	D
Opções - Compras	0,00	Total(1+2+3) A	5.102,24	C
Opções - Vendas	0,00	Taxa de Termo/Opções/Futuro	0,00	D
Operações a Termo	0,00	Taxa A.N.A	0,00	D
Operações a Futuro	0,00	Emolumentos	0,33	D
Valor das Oper. com Tít. Publ.	0,00	Total Bolsa B	-0,33	D
Valor das Operações	10.045,00	Corretagem	0,00	D
Valor do Ajuste p/Futuro	0,00	ISS	0,00	D
IR Sobre Corretagem	0,00	I.R.R.F. s/ operações, base 7.575,00	0,37	D
IRRF Sobre Day Trade	0,00	Outras	0,00	D
		Liquido para 01/07/2020	5.101,91	C

(*) Observações
2 - Corretora ou pessoa vinculada atuou na contra parte
\# - Negócio Direto
8 - Liquidação Institucional
D - Day Trade
F - Cobertura

B - Debêntures
A - Posição Futuro
C - Clubes e Fundos de Ações
P - Carteira Própria
H - Home Broker

X - Box
Y - Desmanche de Box
L - Precatório
T - Liquidação pelo Bruto
1 - POP

Especificações diversas
A coluna Q indica liquidação no Agente do Qualificado

Observação: (1) As operações a futuro não são computadas no líquido da fatura

Inter DTVM Ltda

Figura 27 - 29/06/2020

Desde que eu aumentei meu preço médio em VVAR3 comprando mais 500 ações no dia 16, o papel entrou em laterização, que é quando não varia de forma consistente nem para cima e nem para baixo. Isso me desanimou muito em permanecer comprado, pois ao contrário da Petrobrás em que eu acreditava plenamente nos fundamentos da empresa, eu não tinha a mesma convicção na Via Varejo.

Vendi 500 das minhas 1.000 ações VVAR3 por R$ 15,15, obtendo um lucro de R$ 525 e reinvesti parte do valor em 200 ações da IRB. Agora, eu tinha um total de 1.200 ações IRBR3 esperando ansiosamente pelo balanço da empresa. Uma aposta arriscada que poderia me fazer lucrar uns nove mil reais a curto prazo, pois a expectativa era de que o papel chegasse aos R$ 20 de forma rápida.

Eu avisei no começo deste capítulo que o título dele não traduzia de fato o resultado do mês de junho. O meu lucro foi de R$ 1.272, algo que eu não esperava alcançar em tão pouco tempo de bolsa e sem grandes quantias investidas. Mas eu consegui este feito ao dar um tempo no Day Trade e segurar as ações por mais tempo até atingirem um valor satisfatório. E apesar de ser um lucro considerável, novamente não precisei pagar imposto, pois o volume das vendas não ultrapassou os R$ 20.000.

Se você ainda não estiver convencido de que o melhor caminho na bolsa é operações normais, saiba que não tive prejuízo acumulado até o mês de junho. A situação irá se inverter nos próximos capítulos, mas o fato é que, em quatro meses, 100% do meu lucro acumulado foi de operações normais. Já o prejuízo de Day Trade no mesmo período, foi de R$ 219.

Notas do capítulo

1. No tópico Caro para Investir, eu expresso minha opinião pessoal no que se refere as qualidades da Petrobrás. De forma alguma, você deve comprar ações desta empresa seguindo minha opinião. Faça sua análise e decida por você mesmo, onde vale a pena colocar seu dinheiro.

2. A redução de lucro ao aumentar o PM irá ocorrer somente quando o preço cair em relação as novas ações compradas. Se o preço permanecer, o lucro não sofrerá alteração. Se subir, o lucro aumenta.

JULHO: UM DESASTRE ANUNCIADO

Se nos quatro primeiros meses de operação na bolsa, eu fechei no positivo mesmo não tendo me preparado antes de investir, em julho, as consequências dos meus atos não falharam em aparecer e vieram com juros e correções. Não apenas perdi tudo que havia ganho, como também acumulei prejuízos em operação normal e Day Trade. Mas devo agradecer imensamente ao lucro acumulado de março a junho, pois sem eles, o estrago feito teria sido bem maior. É melhor perder tudo o que ganhou, do que perder o dinheiro investido.

A explicação de uma situação adversa na bolsa de valores é simples quando se está distante, seja porque aconteceu com outra pessoa ou porque já passou tempo suficiente para você analisar as decisões que tomou. No meu caso, basta responder por qual motivo comprei mais 500 ações VVAR3 por R$ 16,23 cada, se eu já possuía 500 compradas a R$ 11,95 e qual a razão de eu ter apostado tanto em uma empresa que estava sem muita credibilidade no mercado e já acumulava mais de 40% de queda no ano.

No que se refere a Via Varejo, suas ações não me deram prejuízos, mas ao aumentar o meu PM, o lucro foi reduzido porque o preço caiu e isso fez falta na hora de diluir o prejuízo ocasionado pelas ações da IRB.

Vendendo no desespero

Praça	C/V	Tipo Mercado	Especificação do Título	OBS(*)	Quantidade	Preço Liquidação (R$)	Compra/Venda (R$)	D/C
1-Bovespa	V	VIS	IRBR3 ON NM		1.200	9,12	10.944,00	C
			SubTotal :		1.200	9,1200	10.944,00	
1-Bovespa	C	VIS	VVAR3 ON NM		500	15,53	7.765,00	D
1-Bovespa	C	VIS	VVAR3 ON NM		500	16,10	8.050,00	D
			SubTotal :		1.000	15,8150	15.815,00	

Resumo dos Negócios

Debêntures	0,00	
Vendas à Vista	10.944,00	
Compras à Vista	15.815,00	
Opções - Compras	0,00	
Opções - Vendas	0,00	
Operações a Termo	0,00	
Operações a Futuro	0,00	
Valor das Oper. com Tit. Publ.	0,00	
Valor das Operações	26.759,00	
Valor do Ajuste p/Futuro	0,00	
IR Sobre Corretagem	0,00	
IRRF Sobre Day Trade	0,00	

Resumo Financeiro

Valor Líquido das Operações(1)	-4.871,00	D
Taxa de Liquidação(2)	7,35	D
Taxa de Registro(3)	0,00	D
Total(1+2+3) A	-4.878,35	D
Taxa de Termo/Opções/Futuro	0,00	D
Taxa A.N.A	0,00	D
Emolumentos	0,82	D
Total Bolsa B	**-0,82**	**D**
Corretagem	0,00	D
ISS	0,00	D
I.R.R.F. s/ operações, base 10.944,00	0,54	D
Outras	0,00	D
Líquido para 06/07/2020	-4.879,17	D

(*) Observações:
2 - Corretora ou pessoa vinculada atuou na contra parte
\# - Negócio Direto
8 - Liquidação Institucional
D - Day-Trade
F - Cobertura

B - Debêntures
A - Posição Futuro
C - Clubes e Fundos de Ações
P - Carteira Própria
H - Home Broker

X - Box
Y - Desmanche de Box
L - Precatório
T - Liquidação pelo Bruto
1 - POP

Especificações diversas
A coluna Q indica liquidação no Agente do Qualificado

Observação: (1) As operações a futuro não são computadas no líquido da fatura.

Inter DTVM Ltda.

Figura 28 - 02/07/2020

A IRB divulgou o balanço do primeiro trimestre na madrugada do dia 30 de junho, reportando um lucro de R$ 13,8 milhões. O mercado parecia esperar por um prejuízo, pelo menos foi essa a sensação que eu tive ao pesquisar sobre a empresa em diversas fontes. Porém, as matérias comentando o resultado logo após a divulgação, apontaram que a expectativa era por um lucro de R$ 205 milhões. Não sei de onde eles tiraram esses números e quem são essas pessoas que esperavam por tamanha surrealidade, porque não é preciso ser nenhum gênio para saber que se a empresa reportasse lucro, seria mínimo.

O resultado me deixou animado, pois a minha interpretação era bem diferente da narrativa apresentada pelos "gênios" do mercado. Fiquei um pouco confiante para o pregão daquela manhã, mas logo no leilão de abertura, as ações registravam forte queda e abriram em R$ 11,09, abaixo do meu preço médio que era de R$ 12,35.

Muito rapidamente, o movimento se inverteu e os papéis passaram a subir, chegando a bater os R$ 12,05. Eu poderia e deveria ter vendido naquele momento, mesmo tendo algum prejuízo, mas ao invés disso, entrei em um fórum de investimentos para comentar do susto rápido que o mercado me deu no início do pregão. Eu estava feliz, achando que aquilo era de fato uma reversão da queda.

Voltei para o site da corretora alguns minutos depois de expressar minha felicidade e os papéis estavam caindo novamente, mas ainda havia tempo de vender com um prejuízo menor. Eu fiquei assistindo meu dinheiro ir embora sem fazer nada, pois eu preferi acreditar que no dia seguinte o humor do mercado iria mudar. Mas não mudou e a queda persistiu, continuando a tendência também no dia 02, quando finalmente eu decidi vender por R$ 9,12, amargando um prejuízo de R$ 3.670. Para piorar ainda mais a situação, comprei mais mil ações VVAR3 a um preço médio de R$ 15,81, ao invés de pensar com calma qual deveria ser o próximo passo.

Euforia do mercado

Praça	C/V	Tipo Mercado	Especificação do Título	OBS(*)	Quantidade	Preço Liquidação (R$)	Compra/Venda (R$)	D/C
1-Bovespa	C	VIS	JHSF3 ON NM		500	8,35	4.175,00	D
1-Bovespa	C	VIS	JHSF3 ON NM		1.500	8,85	13.275,00	D
			SubTotal :		2.000	8,7250	17.450,00	
1-Bovespa	V	VIS	JHSF3 ON NM		500	8,36	4.180,00	C
			SubTotal :		500	8,3600	4.180,00	
1-Bovespa	C	VIS	VVAR3 ON NM		500	15,44	7.720,00	D
			SubTotal :		500	15,4400	7.720,00	
1-Bovespa	V	VIS	VVAR3 ON NM		2.000	15,39	30.780,00	C
			SubTotal :		2.000	15,3900	30.780,00	

Resumo dos Negócios		Resumo Financeiro	
Debêntures	0,00	Valor Líquido das Operações(1)	9.790,00 C
Vendas à Vista	34.960,00	Taxa de Liquidação(2)	14,75 D
Compras à Vista	25.170,00	Taxa de Registro(3)	0,00 D
Opções - Compras	0,00	Total(1+2+3) A	9.775,25 C
Opções - Vendas	0,00	Taxa de Termo/Opções/Futuro	0,00 D
Operações a Termo	0,00	Taxa A.N.A	0,00 D
Operações a Futuro	0,00	Emolumentos	1,85 D
Valor das Oper. com Tit. Publ.	0,00	Total Bolsa B	-1,85 D
Valor das Operações	60.130,00	Corretagem	0,00 D
Valor do Ajuste p/Futuro	0,00	ISS	0,00 D
IR Sobre Corretagem	0,00	I.R.R.F. s/ operações, base 23.085,00	1,15 D
IRRF Sobre Day Trade	0,00	Outras	0,00 D
		Liquido para 07/07/2020	**9.772,25 C**

(*) Observações:

7 - Corretora ou pessoa vinculada atuou na contra parte	B - Debêntures	X - Box
# - Negócio Direto	A - Posição Futuro	Y - Desmanche de Box
8 - Liquidação Institucional	C - Clubes e Fundos de Ações	L - Precatório
D - Day-Trade	P - Carteira Própria	T - Liquidação pelo Bruto
F - Cobertura	H - Home Broker	1 - POP

Especificações diversas
A coluna Q indica liquidação no Agente do Qualificado
IRRF Day-Trade R$ -25,91 ; Projeção R$ 0,00

Observação: (1) As operações a futuro não são computadas no líquido da fatura.

Inter DTVM Ltda.

Figura 29 - 03/07/2020

A JHSF é uma empresa que atua em variados segmentos destinados ao público de alta renda, como shoppings, hotelaria e gastronomia. Em 2020, suas ações saíram de R$ 3,50 em maio para os R$ 10,50 em julho. O mercado estava animado com os resultados da empresa e a parceria com a XP Investimentos na construção da Vila XP.

Eu soube da existência desta empresa quando eu estava assistindo uma live no Instagram de um investidor que comentava sobre ações da Via Varejo e, por um breve momento, ele percebe que os papéis da JHSF estavam subindo muito naquele dia. Foi a partir daí que iniciei meu plano de investir em JHSF3 para recuperar o prejuízo que tive com IRBR3.

Primeiramente, me desfiz das ações da Viva Varejo saindo com um lucro de R$ 211 e um prejuízo de R$ 25 no Day Trade, pois você pode ver na nota de corretagem que vendi por cinco centavos a menos, as 500 ações compradas naquele mesmo dia. Em seguida, comprei 1500 ações JHSF3 após arriscar um Day Trade no papel e conseguir apenas R$ 5 de lucro bruto.

Em relação a minha decisão de investir em JHSF, considero ter sido errada pela forma que foi tomada, apenas surfando na onda de alta, mas correta na prática, pois a empresa possui sólidos fundamentos e uma boa administração. No segundo trimestre de 2020, o lucro da JHSF foi de R$ 254 milhões, uma alta de 5.000% em relação ao mesmo período de 2019. Um resultado impressionante que parece ter gerado uma desconfiança no mercado, pois os papéis não tiveram uma alta condizente com os números apresentados.

Se este investimento valeu a pena ou não, você saberá mais adiante, pois eu aumentei minha posição. Mas já adianto que ainda estou com as ações da empresa e pretendo continuar por mais algum tempo se eu não tiver necessidade de utilizar este dinheiro.

Pensando no futuro

Praça	C/V	Tipo Mercado	Especificação do Título	OBS(*)	Quantidade	Preço Liquidação (R$)	Compra/Venda (R$)	D/C
1-Bovespa	C	VIS	JHSF3 ON NM		500	9,67	4.835,00	D
1-Bovespa	C	VIS	JHSF3 ON NM		500	9,87	4.935,00	D
			SubTotal :		1.000	9,7700	9.770,00	

Resumo dos Negócios		Resumo Financeiro		
Debêntures	0,00	Valor Líquido das Operações(1)	-9.770,00	D
Vendas à Vista	0,00	Taxa de Liquidação(2)	2,68	D
Compras à Vista	9.770,00	Taxa de Registro(3)	0,00	D
Opções - Compras	0,00	Total(1+2+3) A	-9.772,68	D
Opções - Vendas	0,00	Taxa de Termo/Opções/Futuro	0,00	D
Operações a Termo	0,00	Taxa A.N.A.	0,00	D
Operações a Futuro	0,00	Emolumentos	0,30	D
Valor das Oper. com Tit. Publ.	0,00	Total Bolsa B	**-0,30**	**D**
Valor das Operações	9.770,00	Corretagem	0,00	D
Valor do Ajuste p/Futuro	0,00	ISS	0,00	D
IR Sobre Corretagem	0,00	I.R.R.F. s/ operações, base 0,00	0,00	D
IRRF Sobre Day Trade	0,00	Outras	0,00	D
		Líquido para 08/07/2020	**-9.772,98**	**D**

(*) Observações

2 - Corretora ou pessoa vinculada atuou na contra parte	B - Debêntures	X - Box
# - Negócio Direto	A - Posição Futuro	† - Desmanche de Box
8 - Liquidação Institucional	C - Clubes e Fundos de Ações	L - Precatório
D - Day-Trade	P - Carteira Própria	T - Liquidação pelo Bruto
f - Cobertura	H - Home Broker	1 - POP

Especificações diversas

    A coluna Q indica liquidação no Agente do Qualificado

Observação: (1) As operações a futuro não são computadas no líquido da fatura.

Inter DTVM Ltda.

Figura 30 - 06/07/2020

Dada a perspectiva de alta das ações da JHSF, aumentei posição na empresa com mais mil papéis. Como você sabe, isso pode significar aumento do preço médio se a compra foi feita por um preço acima da aquisição inicial, o que se traduz em redução do lucro já obtido se o preço cair. No meu caso, o PM subiu de R$ 8,85 para R$ 9,22.

Aprendendo algo novo

Praça	C/V	Tipo Mercado	Especificação do Título	OBS(*)	Quantidade	Preço Liquidação (R$)	Compra/Venda (R$)	D/C
1-Bovespa	C	VIS	JHSF3 ON NM		2.500	9,55	23.875,00	D
1-Bovespa	C	VIS	JHSF3 ON NM		2.500	9,58	23.950,00	D
1-Bovespa	C	VIS	JHSF3 ON NM		2.500	9,79	24.475,00	D
			SubTotal :		7.500	9,6400	72.300,00	
1-Bovespa	V	VIS	JHSF3 ON NM		2.500	9,30	23.250,00	C
1-Bovespa	V	VIS	JHSF3 ON NM		5.000	9,60	48.000,00	C
			SubTotal :		7.500	9,5000	71.250,00	

Resumo dos Negócios		Resumo Financeiro		
Debêntures	0,00	Valor Líquido das Operações(1)	-1.050,00	D
Vendas à Vista	71.250,00	Taxa de Liquidação(2)	28,71	D
Compras à Vista	72.300,00	Taxa de Registro(3)	0,00	D
Opções - Compras	0,00	Total(1+2+3)	-1.078,71	D
Opções - Vendas	0,00	Taxa de Termo/Opções/Futuro	0,00	D
Operações a Termo	0,00	Taxa A.N.A	0,00	D
Operações a Futuro	0,00	Emolumentos	4,43	D
Valor das Oper. com Tit. Publ.	0,00	Total Bolsa B	**-4,43**	**D**
Valor das Operações	143.550,00	Corretagem	0,00	D
Valor do Ajuste p/Futuro	0,00	ISS	0,00	D
IR Sobre Corretagem	0,00	I.R.R.F s/ operações, base 0,00	0,00	D
IRRF Sobre Day Trade	0,00	Outras	0,00	D
		Líquido para 09/07/2020	**-1.083,14**	**D**

(*) Observações

2 - Corretora ou pessoa vinculada atuou na contra parte
\# - Negócio Direto
8 - Liquidação Institucional
D - Day-Trade
F - Cobertura

B - Debêntures
A - Posição Futuro
C - Clubes e Fundos de Ações
P - Carteira Própria
H - Home Broker

X - Box
Y - Desmanche de Box
L - Precatório
1 - Liquidação pelo Bruto
J - PGP

Especificações diversas

A coluna Q indica liquidação no Agente do Qualificado
IRRF Day-Trade R$ -1.083,14 , Projeção R$ 0,00

Observação: (1) As operações a futuro não são computadas no líquido da fatura

Inter DTVM Ltda.

Figura 31 - 07/07/2020

Ao vender e comprar o mesmo papel no mesmo dia, não importa se você já possuía o papel na carteira, pois para a Receita Federal, isso também é Day Trade. Sem saber deste fato, resolvi vender todas as minhas ações JHSF3 para recomprá-las mais barato. Vendi por R$ 9,30 com lucro, pois meu PM era de R$ 9,22. Mas o preço subiu ao invés de cair abaixo do meu PM e eu tive que recomprá-las mesmo assim. Para minha contabilidade pessoal, isso significou um lucro na primeira operação de venda e compra normal na segunda operação, mas para a Receita, isso foi um Day Trade com prejuízo. Portanto, para fins fiscais, poderei compensar este prejuízo futuramente como qualquer outro.

Insistindo no erro

Praça	C/V	Tipo Mercado	Especificação do Título	OBS(*)	Quantidade	Preço Liquidação (R$)	Compra/Venda (R$)	D/C
1-Bovespa	C	VIS	JHSF3 ON NM	D	500	9,49	4.745,00	D
			SubTotal :		500	9,4900	4.745,00	
1-Bovespa	V	VIS	JHSF3 ON NM	D	500	9,64	4.820,00	C
			SubTotal :		500	9,6400	4.820,00	

Resumo dos Negócios		Resumo Financeiro	
Debêntures	0,00	Valor Líquido das Operações(1)	75,00 C
Vendas à Vista	4.820,00	Taxa de Liquidação(2)	1,91 D
Compras à Vista	4.745,00	Taxa de Registro(3)	0,00 D
Opções - Compras	0,00	Total(1+2+3) A	73,09 C
Opções - Vendas	0,00	Taxa de Termo/Opções/Futuro	0,00 D
Operações a Termo	0,00	Taxa A.N.A.	0,00 D
Operações a Futuro	0,00	Emolumentos	0,29 D
Valor das Oper. com Tit. Publ.	0,00	Total Bolsa B	**-0,29 D**
Valor das Operações	9.565,00	Corretagem	0,00 D
Valor do Ajuste p/Futuro	0,00	ISS	0,00 D
IR Sobre Corretagem	0,00	I.R.R.F. s/ operações, base 0,00	0,00 D
IRRF Sobre Day Trade	-0,72	Outras	0,00 D
		Liquido para 23/07/2020	72,08 C

(*) Observações

2 - Corretora ou pessoa vinculada atuou na contra parte	B - Debêntures	X - Box
# - Negócio Direto	A - Posição Futuro	Y - Desmanche de Box
8 - Liquidação Institucional	C - Clubes e Fundos de Ações	L - Precatório
D - Day Trade	P - Carteira Própria	T - Liquidação pelo Bruto
F - Cobertura	H - Home Broker	1 - POP

Especificações diversas
    A coluna Q indica liquidação no Agente do Qualificado
    IRRF Day Trade R$ 72,80 , Projeção R$ -0,72

Observação: (1) As operações a futuro não são computadas no líquido da fatura.

_____
Inter DTVM Ltda.

Figura 32 - 21/07/2020

Praça	C/V	Tipo Mercado	Especificação do Título	OBS(*)	Quantidade	Preço Liquidação (R$)	Compra/Venda (R$)	D/C
1-Bovespa	C	VIS	JHSF3 ON NM	D	500	9,55	4.775,00	D
			SubTotal :		500	9,5500	4.775,00	
1-Bovespa	V	VIS	JHSF3 ON NM	D	500	9,47	4.735,00	C
			SubTotal :		500	9,4700	4.735,00	

Resumo dos Negócios

Debêntures	0,00
Vendas à Vista	4.735,00
Compras à Vista	4.775,00
Opções - Compras	0,00
Opções - Vendas	0,00
Operações a Termo	0,00
Operações a Futuro	0,00
Valor das Oper. com Tit. Publ.	0,00
Valor das Operações	9.510,00
Valor do Ajuste p/Futuro	0,00
IR Sobre Corretagem	0,00
IRRF Sobre Day Trade	0,00

Resumo Financeiro

Valor Líquido das Operações(1)	40,00 D
Taxa de Liquidação(2)	1,90 D
Taxa de Registro(3)	0,00 D
Total(1+2+3) A	-41,90 D
Taxa de Termo/Opções/Futuro	0,00 D
Taxa A.N.A	0,00 D
Emolumentos	0,29 D
Total Bolsa B	-0,29 D
Corretagem	0,00 D
ISS	0,00 D
I.R.R.F. s/ operações, base 0,00	0,00 D
Outras	0,00 D
Líquido para 24/07/2020	**-42,19 D**

(*) Observações

2 - Corretora ou pessoa vinculada atuou na contra parte
- Negócio Direto
B - Liquidação Institucional
D - Day-Trade
F - Cobertura

B - Debêntures
A - Posição Futuro
C - Clubes e Fundos de Ações
P - Carteira Própria
H - Home Broker

X - Box
Y - Desmanche de Box
L - Precatório
T - Liquidação pelo Bruto
1 - POP

Especificações diversas

A coluna Q indica liquidação no Agente do Qualificado
IRRF Day-Trade R$ -42,19 ; Projeção R$ 0,00

Observação: (1) As operações a futuro não são computadas no líquido da fatura

Inter DTVM Ltda.

Figura 33 - 22/07/2020

Após o susto com a operação do dia 07, fiquei duas semanas sem fazer nenhuma operação na bolsa. E isso é normal, pois eu já disse anteriormente que bolsa de valores não é um emprego e não se deve operar sem necessidade. Voltei e fui logo fazendo um Day Trade em JHSF3, obtendo lucro de R$ 30 em dois dias. Uma quantia que não é suficiente para compensar o risco envolvido e nem complementar a renda, pois muitas vezes o resultado será inferior a este.

Para se conseguir viver de Day Trade é necessário gerar pelo menos R$ 150 por dia, considerando que deste valor será reduzido 20% de imposto (1% retido pela corretora mais 19% que você terá de pagar por conta própria). É também importante ter uma reserva financeira que você está disposto a perder em um dia, podendo ser até 100% do lucro líquido do dia anterior. Veja na figura a seguir, o dia que movimentei mais de R$ 38.000 e lucrei míseros R$ 1.

Praça	C/V	Tipo Mercado	Especificação do Título	OBS(*)	Quantidade	Preço Liquidação (R$)	Compra/Venda (R$)	D/C
1-Bovespa	C	VIS	VVAR3 ON NM	D	500	19,40	9.700,00	D
1-Bovespa	C	VIS	VVAR3 ON NM	D	500	19,45	9.725,00	D
			SubTotal :		1.000	19,4250	19.425,00	
1-Bovespa	V	VIS	VVAR3 ON NM	D	500	19,41	9.705,00	C
1-Bovespa	V	VIS	VVAR3 ON NM	D	500	19,46	9.730,00	C
			SubTotal :		1.000	19,4350	19.435,00	

Resumo dos Negócios		Resumo Financeiro	
Debêntures	0,00	Valor Líquido das Operações(1)	10,00 C
Vendas à Vista	19.435,00	Taxa de Liquidação(2)	7,77 D
Compras à Vista	19.425,00	Taxa de Registro(3)	0,00 D
Opções - Compras	0,00	Total(1+2+3) A	2,23 C
Opções - Vendas	0,00	Taxa de Termo/Opções/Futuro	0,00 D
Operações a Termo	0,00	Taxa A.N.A	0,00 D
Operações a Futuro	0,00	Emolumentos	1,20 D
Valor das Oper. com Tit. Publ.	0,00	Total Bolsa B	-1,20 D
Valor das Operações	38.860,00	Corretagem	0,00 D
Valor do Ajuste p/Futuro	0,00	ISS	0,00 D
IR Sobre Corretagem	0,00	I.R.R.F. s/ operações, base 0,00	0,00 D
IRRF Sobre Day Trade	-0,01	Outras	0,00 D
		Líquido para 28/07/2020	1,02 C

(*) Observações

2 - Corretora ou pessoa vinculada atuou na contra parte
\# - Negócio Direto
8 - Liquidação Institucional
D - Day-Trade
F - Cobertura

B - Debêntures
A - Posição Futuro
C - Clubes e Fundos de Ações
P - Carteira Própria
H - Home Broker

X - Box
Y - Desmanche de Box
L - Precatório
T - Liquidação pelo Bruto
1 - POP

Especificações diversas
    A coluna Q indica liquidação no Agente do Qualificado
      IRRF Day-Trade R$ 1,03 , Projeção R$ -0,01

Observação: (1) As operações a futuro não são computadas no líquido da fatura

_____

Inter DTVM Ltda.

Figura 34 - 24/07/2020

Após a miséria de lucro exposto na nota de corretagem anterior, voltei a tentar lucros rápidos em Viva Varejo no dia 29. Como eu já tinha visto este papel cair mais de um real e se recuperar logo depois, caí no erro de achar que isso se repetiria naquele dia e não encerrei a operação ao ver a ação começar a despencar. O resultado foi negativo em R$ 214 como se pode ver na nota seguinte.

Praça	C/V	Tipo Mercado	Especificação do Título	OBS(*)	Quantidade	Preço Liquidação (R$)	Compra/Venda (R$)	D/C
1-Bovespa	C	VIS	VVAR3 ON NM	D	500	20,59	10.295,00	D
			SubTotal :		500	20,5900	10.295,00	
1-Bovespa	V	VIS	VVAR3 ON NM	D	500	20,17	10.085,00	C
			SubTotal :		500	20,1700	10.085,00	

Resumo dos Negócios

Debêntures	0,00
Vendas à Vista	10.085,00
Compras à Vista	10.295,00
Opções - Compras	0,00
Opções - Vendas	0,00
Operações a Termo	0,00
Operações a Futuro	0,00
Valor das Oper. com Tít. Publ.	0,00
Valor das Operações	20.380,00
Valor do Ajuste p/Futuro	0,00
IR Sobre Corretagem	0,00
IRRF Sobre Day Trade	0,00

Resumo Financeiro

Valor Líquido das Operações(1)	-210,00 D
Taxa de Liquidação(2)	4,07 D
Taxa de Registro(3)	0,00 D
Total(1+2+3) A	-214,07 D
Taxa de Termo/Opções/Futuro	0,00 D
Taxa A.N.A	0,00 D
Emolumentos	0,62 D
Total Bolsa B	-0,62 D
Corretagem	0,00 D
ISS	0,00 D
I.R.R.F. s/ operações, base 0,00	0,00 D
Outras	0,00 D
Líquido para 31/07/2020	**-214,69 D**

(*) Observações

2 - Corretora ou pessoa vinculada atuou na contra parte	8 - Debêntures	X - Box
# - Negócio Direto	A - Posição Futuro	Y - Desmanche de Box
6 - Liquidação Institucional	C - Clubes e Fundos de Ações	L - Precatório
D - Day-Trade	P - Carteira Própria	T - Liquidação pelo Bruto
F - Cobertura	H - Home Broker	1 - POP

Especificações diversas
   A coluna Q indica liquidação no Agente do Qualificado
   IRRF Day-Trade R$ -214,69 , Projeção R$ 0,00

Observação: (1) As operações a futuro não são computadas no líquido da fatura.

Inter DTVM Ltda.

Figura 35 - 29/07/2020

Mas como nem só de fracasso vive o homem, no dia seguinte, eu tive sorte e consegui recuperar o prejuízo com folga como mostra a nota abaixo. Mas preciso dizer que esse sentimento de reverter um resultado negativo, pode te levar a perder muito mais dinheiro, ainda mais se sua forma de reversão for o Day Trade. Recomendo que em casos como esse, você compre boas ações para médio prazo e aguarde o lucro desejado ser alcançado.

Praça	C/V	Tipo Mercado	Especificação do Título	OBS(*)	Quantidade	Preço Liquidação (R$)	Compra/Venda (R$)	D/C
1-Bovespa	C	VIS	VVAR3 ON NM	D	500	19,70	9.850,00	D
1-Bovespa	C	VIS	VVAR3 ON NM	D	500	20,13	10.065,00	D
1-Bovespa	C	VIS	VVAR3 ON NM	D	500	20,25	10.125,00	D
			SubTotal :		1.500	20,0267	30.040,00	
1-Bovespa	V	VIS	VVAR3 ON NM	D	500	20,05	10.025,00	C
1-Bovespa	V	VIS	VVAR3 ON NM	D	500	20,23	10.115,00	C
1-Bovespa	V	VIS	VVAR3 ON NM	D	500	20,29	10.145,00	C
			SubTotal :		1.500	20,1900	30.285,00	

Resumo dos Negócios		Resumo Financeiro	
Debêntures	0,00	Valor Líquido das Operações(1)	245,00 C
Vendas à Vista	30.285,00	Taxa de Liquidação(2)	12,06 D
Compras à Vista	30.040,00	Taxa de Registro(3)	0,00 D
Opções - Compras	0,00	Total(1+2+3) A	232,94 C
Opções - Vendas	0,00	Taxa de Termo/Opções/Futuro	0,00 D
Operações a Termo	0,00	Taxa A.N.A	0,00 D
Operações a Futuro	0,00	Emolumentos	1,86 D
Valor das Oper. com Tit. Publ.	0,00	Total Bolsa B	-1,86 D
Valor das Operações	60.325,00	Corretagem	0,00 D
Valor do Ajuste p/Futuro	0,00	ISS	0,00 D
IR Sobre Corretagem	0,00	I.R.R.F. s/ operações, base 0,00	0,00 D
IRRF Sobre Day Trade	-2,31	Outras	0,00 D
		Liquido para 03/08/2020	228,77 C

(*) Observações

2 - Corretora ou pessoa vinculada atuou na contra parte	B - Debêntures	X - Box
# - Negócio Direto	A - Posição Futuro	Y - Desmanche de Box
8 - Liquidação Institucional	C - Clubes e Fundos de Ações	L - Precatório
D - Day-Trade	P - Carteira Própria	T - Liquidação pelo Bruto
F - Cobertura	H - Home Broker	1 - POP

Especificações diversas

A coluna Q indica liquidação no Agente do Qualificado
IRRF Day-Trade RS 211,08 , Projeção RS -2,31

Observação: (1) As operações a futuro não são computadas no liquido da fatura.

Inter DTVM Ltda.

Figura 36 - 30/07/2020

Fechando no negativo

Nem preciso dizer o quão desastroso foi o mês de julho. Algo para se esquecer, mas tive que revisitar aqueles dias na minha memória para poder escrever este livro. Relembrar tais momentos, despertou uma vontade de sair da bolsa e aplicar meu dinheiro em renda fixa, apesar do baixo retorno. É uma segurança que eu teria em saber que ele estaria lá na minha conta sem riscos e disponível quando eu precisasse. E talvez eu realmente faça isso.

Em relação aos números, o prejuízo no Day Trade foi de R$ 1.366, mas neste valor está incluído a venda e recompra de ações JHSF3 que considero ter sido uma operação normal. Se retirar aquela operação, o prejuízo fica em R$ 283. Em operação normal, o resultado negativo ficou em R$ 3.672. Nos dez dias que operei em julho, não tive prejuízo em apenas quatro, uma taxa de sucesso de 40%.

A maioria das pessoas que investem em renda variável concordam que os prejuízos fazem parte e elas estão certas em partes. Quando você faz um investimento consciente, após estudar bem a situação e considerar todos os riscos, é aceitável que você tenha um resultado negativo e siga em frente com sua estratégia ou faça ajustes caso seja necessário. Mas somente apertar o botão de comprar ou vender sem muitos critérios, não é investimento consciente e qualquer prejuízo resultante deve ser lamentado.

Tenha cautela e não faça nenhuma operação em dias que o mercado está sem uma direção definida. Leia as notícias relevantes antes do mercado abrir e verifique os índices futuros das bolsas americanas. Veja o desempenho do setor em que você pretende investir, pois pode ser que uma empresa esteja subindo no início do pregão enquanto outras do mesmo setor estão caindo, mas pode reverter a alta se alinhando a tendência. São dicas simples que você deve aplicar no seu dia a dia de investidor.

AGOSTO: NOVOS DESAFIOS

A não ser que você seja um investidor mais tradicional que faz seus aportes mensais na sua carteira, abre o Home Broker duas vezes por semana para dar uma verificada rápida e segue as recomendações da corretora, você será desafiado por situações que nunca pensou que pudessem acontecer. Em agosto, eu descobri algo novo que pode ser benéfico ou desastroso, a depender de como surgiu a necessidade em usá-lo. E eu usei bastante este novo artifício.

Até este presente capítulo, eu ainda não aprendi com meus erros, pelo contrário, aumentei o risco. Até parece que sou rico para ficar arriscando meu patrimônio desta forma, quando na verdade, sou um pobre sonhador como a maioria dos brasileiros. E por falar nisso, quando estes sonhadores irão entender que a maioria dos ricos ou nasceram ricos ou tiveram a inteligência e um pouco de sorte para montar negócios de sucesso? Eles entram na bolsa quando já possuem muito dinheiro para focar no longo prazo, sem se preocupar tanto com as variações do mercado.

Um negócio próprio é meu principal objetivo e tenho conhecimento e formação adequada para este desafio. Mas enquanto o momento certo não chegava, eu vi na bolsa de valores uma oportunidade de multiplicar o dinheiro que conseguia poupar mensalmente, pois 2020 não foi um ano propício para empreender, por motivos óbvios. A alternativa foi poupar o máximo e gastar o mínimo.

Negativando no banco

Praça	C/V	Tipo Mercado	Especificação do Título	OBS(*)	Quantidade	Preço Liquidação (R$)	Compra/Venda (R$)	D/C
1-Bovespa	C	VIS	VVAR3 ON NM		500	19,90	9.950,00	D
			SubTotal :		500	19,9000	9.950,00	

Resumo dos Negócios		Resumo Financeiro		
Debêntures	0,00	Valor Líquido das Operações(1)	-9.950,00	D
Vendas à Vista	0,00	Taxa de Liquidação(2)	2,73	D
Compras à Vista	9.950,00	Taxa de Registro(3)	0,00	D
Opções - Compras	0,00	Total(1+2+3) A	-9.952,73	D
Opções - Vendas	0,00	Taxa de Termo/Opções/Futuro	0,00	D
Operações a Termo	0,00	Taxa A.N.A	0,00	D
Operações a Futuro	0,00	Emolumentos	0,31	D
Valor das Oper. com Tit. Publ.	0,00	Total Bolsa B	**-0,31**	**D**
Valor das Operações	9.950,00	Corretagem	0,00	D
Valor do Ajuste p/Futuro	0,00	ISS	0,00	D
IR Sobre Corretagem	0,00	I.R.R.F. s/ operações, base 0,00	0,00	D
IRRF Sobre Day Trade	0,00	Outras	0,00	D
		Líquido para 06/08/2020	**-9.953,04**	**D**

(*) Observações
C - Corretora ou pessoa vinculada atuou na contra parte
- Negócio Direto
8 - Liquidação Institucional
D - Day-Trade
I - Cobertura

B - Debêntures
A - Posição Futuro
C - Clubes e Fundos de Ações
P - Carteira Própria
H - Home Broker

X - Box
Y - Desmanche de Box
L - Precatório
T - Liquidação pelo Bruto
1 - POP

Especificações diversas
    A coluna Q indica liquidação no Agente do Qualificado

Observação: (1) As operações a futuro não são computadas no líquido da fatura.

_____
Inter DTVM Ltda.

Figura 37 - 04/08/2020

Eu disse no resumo do capítulo que eu tinha descoberto algo novo no mês de agosto e o momento estava favorável a isto. Quando você compra uma ação, a sua corretora espera que você tenha o dinheiro necessário na sua conta para cobrir o custo daquela compra. Se este não for o caso, juros diários não muito amigáveis serão aplicados e você ficará impedido de lançar ordens de compra enquanto o saldo negativo não for regularizado. Vendas não são afetadas.

O meu banco é também minha corretora e isso torna mais fácil a administração dos meus investimentos, pois não tenho que manter meu dinheiro fatiado entre contas. Apesar das falhas no sistema da Inter DTVM, como manutenção durante o dia e indisponibilidade, o ponto positivo é a baixa taxa de juros cobrada sobre o saldo negativo. Aliado a isso, o governo federal emitiu um decreto para suspender a cobrança de IOF, devido a situação econômica durante a pandemia.

No dia 04 de agosto, eu decidi ficar com 500 ações VVAR3 até o dia seguinte, acreditando na valorização do ativo e assumindo os juros que pagaria por ficar um dia negativo. Ficar comprado em um ativo por menos de 24 horas é algo comum e interessante quando se tem o dinheiro necessário para cobrir o valor da compra e não ser forçado a vender no prejuízo. Do contrário, é um risco muito grande, principalmente se você estiver fazendo isso após seu Day Trade dar errado e o preço fechar consideravelmente abaixo do que você pagou.

É importante prestar atenção nos prazos de liquidação da bolsa, no dia da semana e nos feriados antes de utilizar esta técnica. O débito e o crédito de operações na bolsa são efetuados em dois dias úteis. Ou seja, se você comprou ações na quarta, o débito entra na sua conta na sexta. E se você vender na quinta, o crédito cai na segunda. Portanto, não é aconselhável comprar numa quarta se você não tiver o dinheiro em conta, pois bancos e corretoras cobram juros no final de semana. O mesmo pensamento vale para os feriados, pois neste caso, o prazo para o crédito aumenta, mas os juros continuam a ser cobrados. Não se esqueça destes detalhes para não ser pego de surpresa quando seu débito for maior do que você imaginava.

Praça	C/V	Tipo Mercado	Especificação do Título	OBS(*)	Quantidade	Preço Liquidação (R$)	Compra/Venda (R$)	D/C
1-Bovespa	V	VIS	VVAR3 ON NM		500	20,50	10.250,00	C
			SubTotal :		500	20,5000	10.250,00	

Resumo dos Negócios

Debêntures	0,00
Vendas à Vista	10.250,00
Compras à Vista	0,00
Opções - Compras	0,00
Opções - Vendas	0,00
Operações a Termo	0,00
Operações a Futuro	0,00
Valor das Oper. com Tit. Publ.	0,00
Valor das Operações	10.250,00
Valor do Ajuste p/Futuro	0,00
IR Sobre Corretagem	0,00
IRRF Sobre Day Trade	0,00

Resumo Financeiro

Valor Líquido das Operações(1)	10.250,00	C
Taxa de Liquidação(2)	2,81	D
Taxa de Registro(3)	0,00	D
Total(1+2+3) A	10.247,19	C
Taxa de Termo/Opções/Futuro	0,00	D
Taxa A N A	0,00	D
Emolumentos	0,32	D
Total Bolsa B	-0,32	D
Corretagem	0,00	D
ISS	0,00	D
I.R.R.F s/ operações, base 10.250,00	0,51	D
Outras	0,00	D
Líquido para 07/08/2020	**10.246,87**	**C**

(*) Observações
2 - Corretora ou pessoa vinculada atuou na contra parte
\# - Negócio Direto
8 - Liquidação Institucional
D - Day-Trade
F - Cobertura

B - Debêntures
A - Posição Futuro
C - Clubes e Fundos de Ações
P - Carteira Própria
H - Home Broker

X - Box
Y - Desmanche de Box
L - Precatório
T - Liquidação pelo Bruto
1 - POP

Especificações diversas
A coluna Q indica liquidação no Agente do Qualificado

Observação: (1) As operações a futuro não são computadas no líquido da fatura.

Inter DTVM Ltda.

Figura 38 - 05/08/2020

No dia seguinte, efetuei a venda obtendo um lucro de R$ 293. Valeu a pena, pois os juros foram de apenas R$ 20 debitados no dia 11. Sobre a data em que os juros são debitados, explicarei mais adiante como o banco Inter e talvez outros bancos fazem algo bem estranho.

Praça	C/V	Tipo Mercado	Especificação do Título	OBS(*)	Quantidade	Preço Liquidação (R$)	Compra/Venda (R$)	D/C
1-Bovespa	C	VIS	VVAR3 ON NM		300	19,57	5.871,00	D
1-Bovespa	C	VIS	VVAR3 ON NM		500	19,74	9.870,00	D
			SubTotal :		800	19,6763	15.741,00	

Resumo dos Negócios		Resumo Financeiro	
Debêntures	0,00	Valor Líquido das Operações(1)	-15.741,00 D
Vendas à Vista	0,00	Taxa de Liquidação(2)	4,32 D
Compras à Vista	15.741,00	Taxa de Registro(3)	0,00 D
Opções - Compras	0,00	Total(1+2+3) A	-15.745,32 D
Opções - Vendas	0,00	Taxa de Termo/Opções/Futuro	0,00 D
Operações a Termo	0,00	Taxa A.N.A	0,00 D
Operações a Futuro	0,00	Emolumentos	0,50 D
Valor das Oper. com Tít. Publ.	0,00	Total Bolsa B	-0,50 D
Valor das Operações	15.741,00	Corretagem	0,00 D
Valor do Ajuste p/Futuro	0,00	ISS	0,00 D
IR Sobre Corretagem	0,00	I.R.R.F. s/ operações, base 0,00	0,00 D
IRRF Sobre Day Trade	0,00	Outras	0,00 D
		Líquido para 11/08/2020	-15.745,82 D

(*) Observações

2 - Corretora ou pessoa vinculada atuou na contra parte	B - Debêntures	X - Box
# - Negócio Direto	A - Posição Futuro	) - Desmanche de Box
8 - Liquidação Institucional	C - Clubes e Fundos de Ações	L - Precatório
D - Day-Trade	P - Carteira Própria	T - Liquidação pelo Bruto
F - Cobertura	H - Home Broker	1 - POP

Especificações diversas

A coluna Q indica liquidação no Agente do Qualificado

Observação: (1) As operações a futuro não são computadas no líquido da fatura

Inter DTVM Ltda

Figura 39 - 07/08/2020

Dado ao sucesso da operação finalizada no dia 05, resolvi continuar arriscando e terminei o dia 07 comprado em 800 ações VVAR3 com PM de R$ 19,67, sendo que o fechamento do dia foi em R$ 19,03. Aqui fica claro o motivo deu ter permanecido com os papéis, numa forma de evitar um prejuízo considerável. E esta compra foi realizada numa sexta feira, ou seja, dois dias de notícias e acontecimentos até que eu pudesse vendê-las.

Praça	C/V	Tipo Mercado	Especificação do Título	OBS(*)	Quantidade	Preço Liquidação (R$)	Compra/Venda (R$)	D/C
1-Bovespa	V	VIS	VVAR3 ON NM		800	19,02	15.216,00	C
			SubTotal :		800	19,0200	15.216,00	

Resumo dos Negócios

Debêntures	0,00
Vendas à Vista	15.216,00
Compras à Vista	0,00
Opções - Compras	0,00
Opções - Vendas	0,00
Operações a Termo	0,00
Operações a Futuro	0,00
Valor das Oper. com Tit. Publ.	0,00
Valor das Operações	15.216,00
Valor do Ajuste p/Futuro	0,00
IR Sobre Corretagem	0,00
IRRF Sobre Day Trade	0,00

Resumo Financeiro

Valor Líquido das Operações(1)	15.216,00	C
Taxa de Liquidação(2)	4,18	D
Taxa de Registro(3)	0,00	D
Total(1+2+3) A	15.211,82	D
Taxa de Termo/Opções/Futuro	0,00	D
Taxa A N A	0,00	D
Emolumentos	0,48	D
Total Bolsa B	**-0,48**	**D**
Corretagem	0,00	D
ISS	0,00	D
I.R.R.F. s/ operações, base 15.216,00	0,76	D
Outras	0,00	D
Líquido para 12/08/2020	**15.211,34**	**C**

(*) Observações

2 - Corretora ou pessoa vinculada atuou na contra parte
\# Negócio Direto
8 - Liquidação Institucional
D - Day-Trade
F - Cobertura

B - Debêntures
A - Posição Futuro
C - Clubes e Fundos de Ações
P - Carteira Própria
H - Home Broker

X - Box
Y - Desmanche de Box
L - Precatório
T - Liquidação pelo Bruto
1 - PGP

Especificações diversas
    A coluna Q indica liquidação no Agente do Qualificado

Observação (1) As operações a futuro não são computadas no líquido da fatura.

_____
Inter DTVM Ltda

Figura 40 - 10/08/2020

No dia 10, a situação do papel só piorou e a máxima do dia foi de R$ 19,30. Vendi no desespero a R$ 19,02, assumindo um prejuízo de R$ 534 mais juros de R$ 33. Não à toa, li em um fórum que a Via Varejo era o cemitério de quem fazia Day Trade com suas ações e isso de fato se confirmou. Mas quem entendia do assunto, conseguiu sim lucrar com VVAR3, dada a tamanha volatidade que chegava a quase um real do preço de abertura para cima e da máxima do dia para baixo, o que significava ganhos duplos para quem operava comprado e vendido.

Saia no lucro e feche o Home Broker

Praça	C/V	Tipo Mercado	Especificação do Título	OBS(*)	Quantidade	Preço Liquidação (R$)	Compra/Venda (R$)	D/C
1-Bovespa	C	VIS	VVAR3 ON NM		800	18,45	14.760,00	D
			SubTotal :		800	18,4500	14.760,00	

Resumo dos Negócios		Resumo Financeiro		
Debêntures	0,00	Valor Líquido das Operações(1)	14.760,00	D
Vendas à Vista	0,00	Taxa de Liquidação(2)	4,05	D
Compras à Vista	14.760,00	Taxa de Registro(3)	0,00	D
Opções - Compras	0,00	Total(1+2+3) A	14.764,05	D
Opções - Vendas	0,00	Taxa de Termo/Opções/Futuro	0,00	D
Operações a Termo	0,00	Taxa A.N.A	0,00	D
Operações a Futuro	0,00	Emolumentos	0,46	D
Valor das Oper. com Tit. Publ.	0,00	Total Bolsa B	**-0,46 D**	
Valor das Operações	14.760,00	Corretagem	0,00	D
Valor do Ajuste p/Futuro	0,00	ISS	0,00	D
IR Sobre Corretagem	0,00	I.R.R.F. s/ operações, base 0,00	0,00	D
IRRF Sobre Day Trade	0,00	Outras	0,00	D
		Líquido para 14/08/2020	**-14.764,51 D**	

[*] Observações:
2 - Corretora ou pessoa vinculada atuou na contra parte
\# - Negócio Direto
8 - Liquidação Institucional
D - Day-Trade
F - Cobertura

B - Debêntures
A - Posição Futuro
C - Clubes e Fundos de Ações
P - Carteira Própria
H - Home Broker

X - Box
Y - Desmanche de Box
L - Precatório
T - Liquidação pelo Bruto
1 - POP

Especificações diversas
A coluna Q indica liquidação no Agente do Qualificado

Observação: (1) As operações a futuro não são computadas no líquido da futura

Inter DTVM Ltda.

Figura 41 - 12/08/2020

No dia 12, continuei com minha falta de estratégia e comprei errado novamente ações da Via Varejo que encerraram o dia cotadas em R$ 18,16. Eu paguei R$ 18,45 por elas, portanto, o virtual prejuízo era de R$ 232. Repare que agora passei a operar com 800 ações, claramente visando um lucro mais atraente e ao mesmo tempo aumentando as chances de um prejuízo maior.

Praça	C/V	Tipo Mercado	Especificação do Título	OBS(*)	Quantidade	Preço Liquidação (R$)	Compra/Venda (R$)	D/C
1-Bovespa	C	VIS	VVAR3 ON NM		800	19,38	15.504,00	D
			SubTotal :		800	19,3800	15.504,00	
1-Bovespa	V	VIS	VVAR3 ON NM		800	18,80	15.040,00	C
1-Bovespa	V	VIS	VVAR3 ON NM		800	19,51	15.608,00	C
			SubTotal :		1.600	19,1550	30.648,00	

Resumo dos Negócios		Resumo Financeiro	
Debêntures	0,00	Valor Líquido das Operações(1)	15.144,00 C
Vendas à Vista	30.648,00	Taxa de Liquidação(2)	10,35 D
Compras à Vista	15.504,00	Taxa de Registro(3)	0,00 D
Opções - Compras	0,00	Total(1+2+3) A	15.133,65 C
Opções - Vendas	0,00	Taxa de Termo/Opções/Futuro	0,00 D
Operações a Termo	0,00	Taxa A.N.A	0,00 D
Operações a Futuro	0,00	Emolumentos	1,46 D
Valor das Oper. com Tit. Publ.	0,00	Total Bolsa B	-1,46 D
Valor das Operações	46.152,00	Corretagem	0,00 D
Valor do Ajuste p/Futuro	0,00	ISS	0,00 D
IR Sobre Corretagem	0,00	I.R.R.F. s/ operações, base 15.040,00	0,75 D
IRRF Sobre Day Trade	-0,96	Outras	0,00 D
		Liquido para 17/08/2020	15.131,23 C

(*) Observações:
2 - Corretora ou pessoa vinculada atuou na contra parte
\# - Negócio Direto
8 - Liquidação Institucional
D - Day-Trade
F - Cobertura

B - Debêntures
A - Posição Futuro
C - Clubes e Fundos de Ações
P - Carteira Própria
H - Home Broker

X - Box
Y - Desmanche de Box
L - Precatório
T - Liquidação pelo Bruto
1 - POP

Especificações diversas
A coluna Q indica liquidação no Agente do Qualificado
IRRF Day-Trade RS 96,80 , Projeção RS -0,96

Observação: (1) As operações a futuro não são computadas no líquido da fatura.

Inter DTVM Ltda.

Figura 42 - 13/08/2020

Na noite do dia 12, a Via Varejo reportou um lucro de R$ 65 milhões no segundo trimestre, sendo que o mercado previa um prejuízo de R$ 104 milhões. Fiquei bastante animado para o pregão do dia 13 e minha animação se confirmou com os papéis da empresa abrindo em alta de quase um real. Naquele momento, eu já estava lucrando bem, mas esperei o preço bater os R$ 19,51, obtendo um lucro de R$ 848.

Eu deveria ter fechado o Home Broker e me contentado com o bom lucro que tive, mas ao invés disso, eu decidi recomprar os papéis por

R$ 19,38, o que representaria o fechamento de uma operação de Day Trade e geraria lucro na diferença de preço, e depois vender as ações do dia anterior acima de R$ 19,51, lucrando duas vezes. Mas tudo deu errado e o papel despencou para abaixo de R$ 19 e tive que vender em R$ 18,80. Com essa presepada, o lucro foi de R$ 367.

No tópico anterior, eu mencionei uma prática dos bancos na hora de cobrar os juros que, ao meu ver, não deveria acontecer. O banco Inter passou a debitar os juros da minha conta somente no primeiro dia útil do mês seguinte a negativação, mesmo tendo saldo suficiente para regularizar o débito e os juros. Isso seria irrelevante, se o banco não cobrasse juros sobre os juros devidos até a data em que efetuará o débito. Eu considero isso como uma operação de crédito forçada. Ou seja, a partir do momento em que eu regularizei o saldo negativo, a cobrança de juros deve parar imediatamente, pois eu não devo mais nada para o banco. A instituição pode debitar os juros no mesmo dia em que o saldo fica positivo, mas ela escolhe o fazer somente no mês seguinte, sem que o cliente tenha solicitado este adiamento.

Eu posso estar enganado quanto a isso, mas o fato é que eu solicitei a memória de cálculo da minha conta e constatei a cobrança de juros em dias que o saldo estava positivo. Estas informações não vêm no extrato bancário, sendo necessário o cliente questionar o banco sobre este fato. Eu acionei o Inter através do seu atendimento e abri uma reclamação no Banco Central, mas o banco não soube explicar tais cobranças e deu respostas genéricas para todas as minhas perguntas, abrindo margem para que minha interpretação seja validada.

Amanhã será melhor

Praça	C/V	Tipo Mercado	Especificação do Título	OBS(*)	Quantidade	Preço Liquidação (R$)	Compra/Venda (R$)	D/C
1-Bovespa	C	VIS	JHSF3 ON ED NM		1.000	7,99	7.990,00	D
			SubTotal :		1.000	7,9900	7.990,00	
1-Bovespa	V	VIS	JHSF3 ON ED NM		1.000	7,82	7.820,00	C
			SubTotal :		1.000	7,8200	7.820,00	
1-Bovespa	C	VIS	VVAR3 ON NM		1.600	20,55	32.880,00	D
1-Bovespa	C	VIS	VVAR3 ON NM		800	20,65	16.520,00	D
			SubTotal :		2.400	20,5833	49.400,00	
1-Bovespa	V	VIS	VVAR3 ON NM		1.600	20,61	32.976,00	C
			SubTotal :		1.600	20,6100	32.976,00	

Resumo dos Negócios		Resumo Financeiro	
Debêntures	0,00	Valor Líquido das Operações(1)	-16.594,00 D
Vendas à Vista	40.796,00	Taxa de Liquidação(2)	20,87 D
Compras à Vista	57.390,00	Taxa de Registro(3)	0,00 D
Opções - Compras	0,00	Total(1+2+3) A	-16.614,87 D
Opções - Vendas	0,00	Taxa de Termo/Opções/Futuro	0,00 D
Operações a Termo	0,00	Taxa A N A	0,00 D
Operações a Futuro	0,00	Emolumentos	3,12 D
Valor das Oper. com Tit. Publ.	0,00	Total Bolsa B	-3,12 D
Valor das Operações	98.186,00	Corretagem	0,00 D
Valor do Ajuste p/Futuro	0,00	ISS	0,00 D
IR Sobre Corretagem	0,00	I.R.R.F. s/ operações, base 0,00	0,00 D
IRRF Sobre Day Trade	0,00	Outras	0,00 D
		Líquido para 27/08/2020	-16.617,99 D

(*) Observações:
1 - Corretora ou pessoa vinculada atuou na contra parte
\# - Negócio Direto
8 - Liquidação Institucional
D - Day-Trade
F - Cobertura

B - Debêntures
A - Posição Futuro
C - Clubes e Fundos de Ações
P - Carteira Própria
H - Home Broker

X - Box
Y - Desmanche de Box
L - Precatório
T - Liquidação pelo Bruto
1 - POP

Especificações diversas:
A coluna Q indica liquidação no Agente do Qualificado
IRRF Day-Trade R$ -92,92 , Projeção R$ 0,00

Observação (1) As operações a futuro não são computadas no líquido da fatura

Inter DTVM Ltda.

Figura 43 - 25/08/2020

A confusão que aconteceu nos dias 25, 26 e 27 é assustadora e eu tive um pouco de dificuldade em entender o que eu fiz nesses dias. No dia 25, tive um prejuízo de R$ 92 no Day Trade e permaneci comprado com 800 ações VVAR3. Não sei explicar o motivo disso, porque neste mesmo dia, as ações da Via fecharam em R$ 20,70 e eu as comprei por R$ 20,65, ou seja, poderia ter vendido tranquilamente. Mas talvez eu tenha recusado aceitar o prejuízo daquele dia e decidi que poderia recuperar no dia seguinte caso os papéis se valorizassem. Bastante questionável essa decisão, mas tem horas que nem mesmo a gente compreende o que fez.

Praça	C/V	Tipo Mercado	Especificação do Título	OBS(*)	Quantidade	Preço Liquidação (R$)	Compra/Venda (R$)	D/C
1-Bovespa	C	VIS	VVAR3 ON NM		1.200	20,95	25.140,00	D
			SubTotal :		1.200	20,9500	25.140,00	
1-Bovespa	V	VIS	VVAR3 ON NM		400	20,30	8.120,00	C
1-Bovespa	V	VIS	VVAR3 ON NM		800	20,80	16.640,00	C
			SubTotal :		1.200	20,6333	24.760,00	

Resumo dos Negócios		Resumo Financeiro	
Debêntures	0,00	Valor Líquido das Operações(1)	-380,00 D
Vendas à Vista	24.760,00	Taxa de Liquidação(2)	9,98 D
Compras à Vista	25.140,00	Taxa de Registro(3)	0,00 D
Opções - Compras	0,00	Total(1+2+3) A	-389,98 D
Opções - Vendas	0,00	Taxa de Termo/Opções/Futuro	0,00 D
Operações a Termo	0,00	Taxa A.N.A	0,00 D
Operações a Futuro	0,00	Emolumentos	1,58 D
Valor das Oper. com Tit. Publ.	0,00	Total Bolsa B	-1,58 D
Valor das Operações	49.900,00	Corretagem	0,00 D
Valor do Ajuste p/Futuro	0,00	ISS	0,00 D
IR Sobre Corretagem	0,00	I.R.R.F. s/ operações, base 0,00	0,00 D
IRRF Sobre Day Trade	0,00	Outras	0,00 D
		Líquido para 28/08/2020	-391,56 D

(*) Observações

2 - Corretora ou pessoa vinculada atuou na contra-parte   B - Debêntures   X - Box
\# - Negócio Direto   A - Posição Futuro   Y - Desmanche de Box
B - Liquidação Institucional   C - Clubes e Fundos de Ações   L - Precatório
D - Day-Trade   P - Carteira Própria   T - Liquidação pelo Bruto
F - Cobertura   H - Home Broker   1 - POP

Especificações diversas
   A coluna Q indica liquidação no Agente do Qualificado
   IRRF Day-Trade R$ -391,56 , Projeção R$ 0,00

Observação: (1) As operações a futuro não são computadas no líquido da fatura.

Inter DTVM Ltda.

Figura 44 - 26/08/2020

O que já parecia estranho, ficou ainda mais complicado no dia 26 quando eu teria que vender as ações compradas no dia 25. Mas eu não fiz isso, mesmo com a cotação atingindo os R$ 21,15. O que se passou na minha cabeça ao não efetuar a venda? Nem tem como eu dizer que cheguei atrasado no Home Broker e perdi o momento de alta, porque todos os dias eu acordo mais de uma hora antes do mercado abrir. Ao invés de me livrar do problema, acabei criando outro ao fazer um Day Trade sem sucesso e com prejuízo de R$ 391.

Praça	C/V	Tipo Mercado	Especificação do Título	OBS(*)	Quantidade	Preço Liquidação (R$)	Compra/Venda (R$)	D/C
1-Bovespa	V	VIS	VVAR3 ON NM		800	20,11	16.088,00	C
			SubTotal :		800	20,1100	16.088,00	

Resumo dos Negócios		Resumo Financeiro	
Debêntures	0,00	Valor Líquido das Operações(1)	16.088,00 C
Vendas à Vista	16.088,00	Taxa de Liquidação(2)	4,42 D
Compras à Vista	0,00	Taxa de Registro(3)	0,00 D
Opções - Compras	0,00	Total(1+2+3) A	16.083,58 C
Opções - Vendas	0,00	Taxa de Termo/Opções/Futuro	0,00 D
Operações a Termo	0,00	Taxa A.N.A	0,00 D
Operações a Futuro	0,00	Emolumentos	0,51 D
Valor das Oper. com Tit. Publ.	0,00	Total Bolsa B	-0,51 D
Valor das Operações	16.088,00	Corretagem	0,00 D
Valor do Ajuste p/Futuro	0,00	ISS	0,00 D
IR Sobre Corretagem	0,00	I.R.R.F s/ operações, base 16.088,00	0,80 D
IRRF Sobre Day Trade	0,00	Outras	0,00 D
		Líquido para 31/08/2020	16.083,07 C

(*) Observações

2 - Corretora ou pessoa vinculada atuou na contra parte	B - Debêntures	X - Box
# - Negócio Direto	A - Posição Futuro	Y - Desmanche de Box
8 - Liquidação Institucional	C - Clubes e Fundos de Ações	L - Precatório
D - Day-Trade	P - Carteira Própria	T - Liquidação pelo Bruto
F - Cobertura	H - Home Broker	1 - POP

Especificações diversas
    A coluna Q indica liquidação no Agente do Qualificado

Observação: (1) As operações a futuro não são computadas no líquido da fatura.

Inter DTVM Ltda

Figura 45 - 27/08/2020

Para fechar com chave de ouro, eu finalmente fiz a venda no dia 27 por R$ 20,11, sendo que eu poderia ter vendido a R$ 20,65 no começo do pregão. Mas como dessa vez eu ficaria negativo por quatro dias no banco, eu não queria vender pelo preço que paguei, pois os juros me dariam prejuízo. A conta negativa de toda essa confusão que durou três dias ficou em R$ 926.

Bloqueado no Home Broker

Como eu estava com minha conta bancária negativada, não podia comprar ações. Eu queria operar no dia 27 e, por isso, resolvi usar a Clear pela primeira vez, pois havia me cadastrado no dia 11. Fiz uma transferência para a conta da corretora Clear ainda no dia 26, de valor suficiente para conseguir um limite de R$ 15 mil para operar em Day Trade. Mas diferente do Inter, a Clear trabalha com alavancagem, ou seja, não é necessário ter todo o dinheiro disponível na conta, apenas uma margem de segurança para cobrir os prejuízos. E caso a margem seja atingida, o sistema liquida automaticamente a posição.

Eu recomendo fortemente que você não utilize alavancagens, pois isso pode representar sua ruína. Há pessoas que operam quantidades enormes de dinheiro, acima de R$ 100.000, sem possuir esta quantia disponível. Isto é loucura e não há argumentos que me façam aceitar o contrário.

Em relação ao que fiz na Clear no dia 27, foi apenas Day Trade que, sem nenhuma supresa, me deram um prejuízo de R$ 223. Eu apostei em Via Varejo novamente, um completo absurdo, visto que eu estava comprado neste papel e ainda nem tinha efetuado a venda no Inter.

O primeiro dividendo

No mês de agosto, operei durante 16 dias na bolsa e achei melhor listar somente as notas de corretagem que continham as informações mais relevantes. Eu omiti sete notas com operações Day Trade e seis delas possuem lucros. O resultado do mês levando em consideração somente as operações que fiz, ficou negativo em R$ 300, tendo obtido lucro no Day Trade e prejuízo em operação normal.

Um alívio em agosto foi o recebimento de dividendos referente as minhas 3.500 ações da JHSF. Dividendos é uma distribuição do lucro entre os acionistas e a quantia recebida depende do número de ações que você possui. No meu caso, recebi o total de R$ 275, o que fez com que meu prejuízo no mês ficasse somente em R$ 25. Mas considerando as tarifas bancárias, o total sobe para R$ 305.

Confesso que nem fazia ideia que toda empresa listada em bolsa é obrigada por lei a distribuir parte dos seus lucros. Portanto, este não foi o critério usado para investir em JHSF. Mas você pode considerar investir somente em empresas que geram bons lucros para receber dividendos, principalmente se sua estratégia for de longo prazo. Há também quem compre ações na data limite que o investidor precisa ter a ação na carteira para ter direito a receber dividendos e vende no dia seguinte. Cada um com sua estratégia, mesmo que eu discorde.

SETEMBRO: MUDANÇA DE RUMO

No início do mês de setembro, acessei um fórum de investimentos e perguntei qual a melhor alternativa para substituir a Via Varejo no meu Day Trade, já que os papéis da empresa perderam a volatilidade que tiveram durante todo o ano e o preço já estava num patamar não muito atraente. Recebi uma recomendação apenas para operar com Vale, mesmo a ação estando na casa dos R$ 60, bem mais cara que Via Varejo. A lógica era que os papéis VALE3 variavam muito em um dia e, com apenas 200 ações, era possível atingir o lucro desejado. Além do preço das ações da Vale estar diretamente ligado ao preço do minério de ferro.

Setembro também foi um mês marcado pelo maior número de IPOs desde 2010. IPO é o primeiro dia de uma empresa na bolsa de valores, a primeira oferta de ações que já foram reservadas e precificadas dias antes da estreia na bolsa. Neste dia, o preço pode tanto disparar quanto desabar. Por isso, não é recomendável que iniciantes participem de IPO. Deixe que os grandes briguem entre si e decidam para que lado irão levar o papel. Mas você verá neste capítulo que eu comprei ações de uma empresa que tinha estreado na bolsa há dois dias. Será que deu certo? Adianto que parecia ser uma empresa com boas perspectivas de crescimento.

Qualidade e não quantidade

Praça	C/V	Tipo Mercado	Especificação do Título	OBS(*)	Quantidade	Preço Liquidação (R$)	Compra/Venda (R$)	D/C
1-Bovespa	C	VIS	VALE3 ON NM		100	60.61	6.061,00	D
1-Bovespa	C	VIS	VALE3 ON NM		100	60.63	6.063,00	D
1-Bovespa	C	VIS	VALE3 ON NM		200	61.32	12.264,00	D
			SubTotal :		400	60,9700	24.388,00	
1-Bovespa	V	VIS	VALE3 ON NM		100	60.71	6.071,00	C
1-Bovespa	V	VIS	VALE3 ON NM		100	60.75	6.075,00	C
1-Bovespa	V	VIS	VALE3 ON NM		100	61.20	6.120,00	C
1-Bovespa	V	VIS	VALE3 ON NM		100	61.21	6.121,00	C
			SubTotal :		400	60,9675	24.387,00	
1-Bovespa	V	VIS	VVAR3 ON NM		700	20.51	14.357,00	C
			SubTotal :		700	20,5100	14.357,00	

Resumo dos Negócios		Resumo Financeiro		
Debêntures	0,00	Valor Líquido das Operações(1)	14.356,00	C
Vendas à Vista	38.744,00	Taxa de Liquidação(2)	13,70	D
Compras à Vista	24.388,00	Taxa de Registro(3)	0,00	D
Opções - Compras	0,00	Total(1+2+3) A	14.342,30	C
Opções - Vendas	0,00	Taxa de Termo/Opções/Futuro	0,00	D
Operações a Termo	0,00	Taxa A.N.A	0,00	D
Operações a Futuro	0,00	Emolumentos	1,97	D
Valor das Oper. com Tit. Publ.	0,00	Total Bolsa B	-1,97	D
Valor das Operações	63.132,00	Corretagem	0,00	D
Valor do Ajuste p/Futuro	0,00	ISS	0,00	D
IR Sobre Corretagem	0,00	I.R.R.F. s/ operações, base 14.357,00	0,71	D
IRRF Sobre Day Trade	0,00	Outras	0,00	D
		Líquido para 04/09/2020	14.340,33	C

(*) Observações:
1 - Corretora ou pessoa vinculada atuou na contra parte
- Negócio Direto
8 - Liquidação Institucional
D - Day-Trade
F - Cobertura

B - Debêntures
A - Posição Futuro
C - Clubes e Fundos de Ações
P - Carteira Própria
H - Home Broker

X - Box
Y - Desmanche de Box
L - Precatório
T - Liquidação pelo Bruto
1 - POP

Especificações diversas:
A coluna Q indica liquidação no Agente do Qualificado
IRRF Day-Trade R$ -12,27 ; Projeção R$ 0,00

Observação: (1) As operações a futuro não são computadas no líquido da fatura

Inter DTVM Ltda.

Figura 46 - 02/09/2020

Nos meses anteriores a setembro, operei com um número maior de ações em Day Trade, focando em empresas mais baratas. Porém, quantidade nem sempre trará os melhores resultados quando o papel não tiver muita qualidade. A Vale é uma empresa cara na bolsa, mas é uma das maiores empresas do Brasil e a volatilidade de suas ações é muito boa. Com apenas 200 ações, seria possível lucrar R$ 100 se eu pegasse uma variação de 50 centavos que é bastante comum. Mas para isso, teria de acertar o momento certo de entrar, o que não é fácil de conseguir. No meu primeiro dia de Vale, não obtive sucesso, pois ainda não conhecia o comportamento do papel. A variação foi de 44 centavos acima do preço de abertura e R$ 1,58 abaixo.

Empresa em recuperação judicial

Uma empresa entra com pedido de recuperação judicial quando já não possui condições de pagar suas dívidas. A justiça estabelece um prazo de 180 dias para que a empresa continue operando enquanto negocia com os credores. Neste prazo, as dívidas ficam congeladas e a empresa ainda precisa apresentar um plano de recuperação em até 60 dias, detalhando as medidas que irá tomar para pagar as dívidas.

Empresas como Oi e Saraiva que possuem ações listadas em bolsa, estão em recuperação judicial e por isso suas ações valem tão pouco. Entre as duas, a Oi é a que tem melhores condições de se recuperar e o mercado tem demonstrado acreditar nisso, já que a empresa possui uma grande infraestrutura de operação e oferece serviços que quase todo brasileiro consome de alguma forma.

No caso da Saraiva, a situação é bem mais delicada dado o tipo de negócio da empresa e suas ações hoje estão na casa dos centavos sem perspectivas de melhora. Mas em setembro, a empresa apresentaria em assembleia seu plano de recuperação que deveria ser votado pelos credores presentes. A expectativa era de aprovação, o que significaria uma alta dos papéis no dia seguinte. Por isso, comprei 2.000 ações SLED4 no dia 03 por 79 centavos cada, mas as vendi no dia 04 pelo mesmo preço que paguei devido ao risco envolvido. Fiz o certo, pois a assembleia foi adiada e remarcada para outubro. O bom senso diz para nunca colocar muito dinheiro nesse tipo de empresa. Siga ele.

Apostando em estreantes

Praça	C/V	Tipo Mercado	Especificação do Título	OBS(*)	Quantidade	Preço Liquidação (R$)	Compra/Venda (R$)	D/C
1-Bovespa	C	VIS	PGMN3 ON NM		400	10,33	4.132,00	D
			SubTotal :		400	10,3300	4.132,00	
1-Bovespa	C	VIS	VVAR3 ON NM		800	18,69	14.952,00	D
			SubTotal :		800	18,6900	14.952,00	
1-Bovespa	V	VIS	VVAR3 ON NM		800	18,62	14.896,00	C
			SubTotal :		800	18,6200	14.896,00	

Resumo dos Negócios		Resumo Financeiro	
Debêntures	0,00	Valor Líquido das Operações(1)	-4.188,00 D
Vendas à Vista	14.896,00	Taxa de Liquidação(2)	7,10 D
Compras à Vista	19.084,00	Taxa de Registro(3)	0,00 D
Opções - Compras	0,00	Total (1+2+3) A	-4.195,10 D
Opções - Vendas	0,00	Taxa de Termo/Opções/Futuro	0,00 D
Operações a Termo	0,00	Taxa A.N.A	0,00 D
Operações a Futuro	0,00	Emolumentos	1,06 D
Valor das Oper. com Tit. Publ.	0,00	Total Bolsa B	**-1,06 D**
Valor das Operações	33.980,00	Corretagem	0,00 D
Valor do Ajuste p/Futuro	0,00	ISS	0,00 D
IR Sobre Corretagem	0,00	I.R.R.F. s/ operações, base 0,00	0,00 D
IRRF Sobre Day Trade	0,00	Outras	0,00 D
		Liquido para 09/09/2020	**-4.196,16 D**

(*) Observações:
2 - Corretora ou pessoa vinculada atuou na contra parte
- Negócio Direto
8 - Liquidação Institucional
D - Day-Trade
F - Cobertura

B - Debêntures
A - Posição Futuro
C - Clubes e Fundos de Ações
P - Carteira Própria
H - Home Broker

X - Box
↑ - Desmanche de Box
L - Precatório
T - Liquidação pelo Bruto
1 - POP

Especificações diversas:
A coluna Q indica liquidação no Agente do Qualificado
IRRF Day Trade R$ -62,89 , Projeção R$ 0,00

Observação: (1) As operações a futuro não são computadas no líquido da fatura.

Inter DTVM Ltda.

Figura 47 - 04/09/2020

Investir ou não investir em empresas que acabaram de estrear na bolsa? A resposta depende da saúde financeira da empresa, do setor que ela atua e da percepção do mercado se o preço da ação está caro ou barato. Eu não sou nenhum especialista, mas tenho uma regrinha básica que considera o preço em primeiro lugar e depois vem outros fatores. Se o preço estiver na faixa dos R$ 10 ou abaixo, eu considero fazer o investimento após analisar toda a empresa. Já se o preço tiver entre R$ 10 e R$ 12, eu posso investir se a ação registrou forte alta no IPO ou se manteve uma sequência de altas nos dias seguintes. Acima de R$ 12 eu não invisto e prefiro seguir com empresas já consolidadas no mercado.

A Pague Menos é uma rede de farmácias que estreou na bolsa no dia 02 de setembro, levantando R$ 747 milhões. Suas ações tiveram alta de 21% na estreia, fechando o dia cotadas em R$ 10,30. Devido a este fator, resolvi comprar 400 ações no dia 04 por R$ 10,33, pensando no médio prazo, pois estava disposto a ficar comprado por três meses. Porém, as ações não demonstraram sinal de alta nos dias seguintes e resolvi sair do papel no dia 09, vendendo a R$ 10,34. Decisão correta, pois o preço entrou numa sequência de quedas, indicando que talvez poderia voltar para o valor do IPO.

Por outro lado, a Petz com um IPO mais caro no valor de R$ 13,75 por ação e alta de 21% na estreia, teve uma correção até os R$ 14 e retornou à trajetória de subida. Essa foi uma das empresas que eu me recusei a participar do IPO, pois parecia que o mercado estava com a armadilha pronta para pegar os desavisados. Errei na análise, mas é sempre melhor deixar de ganhar dinheiro do que perder dinheiro. Não me arrependo e continuarei a ser bem criterioso com empresas novas na bolsa.

A Lavvi é um exemplo que deixa bem claro que apesar de algumas empresas surpreenderem, o melhor é ficar longe de IPO. As ações da empresa chegaram a cair 15% no dia da estreia na bolsa, fechando em queda de 5,26%. Uma pessoa que tenha conseguido reservar grande quantidade de ações utilizando alavancagem, pensando em vender na abertura e lucrar com uma possível alta, foi obrigada a vender na baixa e teve um prejuízo muito grande. Felizmente, eu nem sabia da existência dessa empresa e não corri o risco de participar do seu IPO.

Muitas operações e pouco lucro

No mês de setembro, eu acumulei treze notas de corretagem, mas a maioria eu preferi não colocar aqui, pois não agregariam muito. Com tantas operações, se espera um lucro razoavelmente bom, mas não foi o caso. Tive lucro de R$ 111 em Day Trade e prejuízo de R$ 64 em operações normais, resultando em um saldo positivo de R$ 47. Isso por si só já seria motivo suficiente para sair da bolsa, pois não é somente o meu dinheiro que está em jogo, mas também meu tempo. Operar em bolsa desta forma consome boa parte do dia e as vezes é preciso duas ou mais horas para encerrar uma posição. Se essa for a sua realidade, ou você repensa sua estratégia ou você desiste de vez, principalmente se sua corretora cobrar corretagem, o que não é o caso da minha.

Acho válido dá um destaque para as taxas, pois você está sujeito a perder muito mais dinheiro se sua corretora cobrar taxa de custódia e corretagem. A primeira, você paga para sua corretora guardar o seu ativo, já a segunda, você paga por cada operação de compra e venda. Eu utilizo uma corretora que não cobra nenhuma taxa e isso permite eu efetuar diversas operações, mesmo ganhando quase nada. Mas se seu perfil de investidor for buy and hold, ou seja, você compra ações para ficar com elas por um bom tempo, recomendo que você não se preocupe com taxas e procure por uma corretora mais conceituada, que pode te oferecer um suporte melhor. A corretora que uso não tem um atendimento muito eficiente e, por pelo menos duas vezes, seu sistema estava fora do ar na hora da abertura do pregão, algo que eu considero inaceitável.

OUTUBRO: MAIOR LUCRO NO DAY TRADE

Se maio foi um mês onde foquei somente em operações normais e obtive um lucro razoável, em outubro, minha atenção se voltou quase que por completo em Day Trade. Efetuei muitas operações com Vale, agora que eu já conseguia compreender melhor o comportamento do papel. Também trabalhei com Usiminas por dois dias, quando fiz um número de operações equivalente a seis dias, que até alterou o layout da nota de corretagem.

No que se refere a Vale, esta ação tem um perigo muito grande que é a desvalorização que ela tem da máxima do dia. Às vezes você pode, por exemplo, comprar ela a R$ 60 e logo em seguida ela inicia a queda até R$ 58,80. Em uma situação dessa, você pode acabar vendendo no desespero e não esperar a recuperação do papel que pode acontecer no mesmo dia. Portanto, jamais compre Vale no topo.

Para identificar quando a máxima ou topo do dia é alcançado, você precisa de algumas técnicas. Análise gráfica é a opção óbvia, mas não irei falar sobre isso, pois eu não utilizo. Eu verifico o fechamento do dia anterior, aliado as notícias do dia atual para ver os motivos que o mercado teria para puxar esse papel para cima. Em seguida, observo o preço de abertura em relação ao quanto a ação já se valorizou no dia e qual a faixa de preço que ela encontra resistência em ultrapassar. Por exemplo, se abrir o pregão em R$ 59,59 e subir para R$ 60,15 e ali começar a ter uma dificuldade para atingir R$ 60,20, eu considero ser a máxima e não compro nessa faixa.

Sequência quase perfeita

Praça	C/V	Tipo Mercado	Especificação do Título	OBS(*)	Quantidade	Preço Liquidação (R$)	Compra/Venda (R$)	D/C
1-Bovespa	C	VIS	VALE3 ON NM		200	62,17	12.434,00	D
1-Bovespa	C	VIS	VALE3 ON NM		200	62,25	12.450,00	D
			SubTotal :		400	62,2100	24.884,00	
1-Bovespa	V	VIS	VALE3 ON NM		200	62,47	12.494,00	C
1-Bovespa	V	VIS	VALE3 ON NM		200	62,55	12.510,00	C
			SubTotal :		400	62,5100	25.004,00	

Resumo dos Negócios

Debêntures	0,00
Vendas à Vista	25.004,00
Compras à Vista	24.884,00
Opções - Compras	0,00
Opções - Vendas	0,00
Operações a Termo	0,00
Operações a Futuro	0,00
Valor das Oper. com Tít. Publ.	0,00
Valor das Operações	49.888,00
Valor do Ajuste p. Futuro	0,00
IR Sobre Corretagem	0,00
IRRF Sobre Day Trade	-1,08

Resumo Financeiro

Valor Líquido das Operações(1)	120,00	C
Taxa de Liquidação(2)	9,97	D
Taxa de Registro(3)	0,00	D
Total(1+2+3) A	110,03	C
Taxa de Termo/Opções/Futuro	0,00	D
Taxa A.N.A	0,00	D
Emolumentos	1,60	D
Total Bolsa B	-1,60	D
Corretagem	0,00	D
ISS	0,00	D
I.R.R.F. s/ operações, base 0,00	0,00	D
Outras	0,00	D
Líquido para 16/10/2020	107,35	C

(1) Observações
2 - Corretora ou pessoa vinculada atuou na contra parte
- Negócio Direto
R - Liquidação Institucional
D - Day Trade
F - Cobertura

B - Debêntures
A - Posição Futuro
C - Clubes e Fundos de Ações
P - Carteira Própria
H - Home Broker

X - Box
Y - Desmanche de Box
L - Precatório
T - Liquidação pelo Bruto
1 - POP

Especificações diversas

A coluna Q indica liquidação no Agente do Qualificado
IRRF Day-Trade R$ 108,43 . Projeção R$ -1,08

Observação: (1) As operações a futuro não são computadas no líquido da fatura

Inter DTVM Ltda

Figura 48 - 14/10/2020

Minha sequência de Day Trade com Vale no mês de outubro foi do dia 14 a 23, registrando prejuízo mínimo de R$ 13,25 somente no dia 16. Todos os outros dias foram de lucro que totalizaram R$ 405, um excelente resultado se considerarmos que cada operação foi efetuada com apenas 200 ações. No dia 14, o lucro foi de R$ 107 e precisei de apenas duas operações de compra e venda. No dia 26, eu errei o momento de entrar e fui forçado a ficar com o papel, tendo prejuízo de R$ 207 ao vender. Neste caso, foi operação normal.

Tempo integral

Praça	C/V	Tipo Mercado	Especificação do Título	OBS(*)	Quantidade	Preço Liquidação (R$)	Compra/Venda (R$)	D/C
1-Bovespa	C	VIS	USIM5 PNA N1	D	1.000	10,85	10.850,00	D
1-Bovespa	C	VIS	USIM5 PNA N1	D	1.000	10,95	10.950,00	D
1-Bovespa	C	VIS	USIM5 PNA N1	D	1.000	11,13	11.130,00	D
1-Bovespa	C	VIS	USIM5 PNA N1	D	1.000	11,22	11.220,00	D
1-Bovespa	C	VIS	USIM5 PNA N1	D	2.000	11,24	22.480,00	D
1-Bovespa	C	VIS	USIM5 PNA N1	D	1.000	11,25	11.250,00	D
1-Bovespa	C	VIS	USIM5 PNA N1	D	1.000	11,28	11.280,00	D
1-Bovespa	C	VIS	USIM5 PNA N1	D	1.000	11,29	11.290,00	D
1-Bovespa	C	VIS	USIM5 PNA N1	D	1.000	11,30	11.300,00	D
1-Bovespa	C	VIS	USIM5 PNA N1	D	1.000	11,31	11.310,00	D
1-Bovespa	C	VIS	USIM5 PNA N1	D	1.000	11,32	11.320,00	D
1-Bovespa	C	VIS	USIM5 PNA N1	D	1.000	11,34	11.340,00	D
1-Bovespa	C	VIS	USIM5 PNA N1	D	2.000	11,35	22.700,00	D
1-Bovespa	C	VIS	USIM5 PNA N1	D	1.000	11,38	11.380,00	D
			SubTotal :		16.000	11,2375	179.800,00	
1-Bovespa	V	VIS	USIM5 PNA N1	D	1.000	10,90	10.900,00	C
1-Bovespa	V	VIS	USIM5 PNA N1	D	1.000	10,96	10.960,00	C
1-Bovespa	V	VIS	USIM5 PNA N1	D	300	11,17	3.351,00	C
1-Bovespa	V	VIS	USIM5 PNA N1	D	700	11,18	7.826,00	C
1-Bovespa	V	VIS	USIM5 PNA N1	D	1.000	11,20	11.200,00	C
1-Bovespa	V	VIS	USIM5 PNA N1	D	1.000	11,26	11.260,00	C
1-Bovespa	V	VIS	USIM5 PNA N1	D	1.000	11,27	11.270,00	C
1-Bovespa	V	VIS	USIM5 PNA N1	D	2.000	11,30	22.600,00	C
1-Bovespa	V	VIS	USIM5 PNA N1	D	2.000	11,32	22.640,00	C

Resumo dos Negócios		Resumo Financeiro		
Debêntures	0,00	Valor Líquido das Operações(1)	387,00	C
Vendas a Vista	180.187,00	Taxa de Liquidação(2)	71,99	D
Compras a Vista	179.800,00	Taxa de Registro(3)	0,00	D
Opções - Compras	0,00	Total(1+2+3) A	315,01	C
Opções - Vendas	0,00	Taxa de Termo/Opções/Futuro	0,00	D
Operações a Termo	0,00	Taxa A.N.A	0,00	D
Operações a Futuro	0,00	Emolumentos	11,58	D
Valor das Oper. com Tít. Publ.	0,00	Total Bolsa B	-11,58	D
Valor das Operações	359.987,00	Corretagem	0,00	D
Valor do Ajuste p/Futuro	0,00	ISS	0,00	D
IR Sobre Corretagem	0,00	I.R.R.F. s/ operações . base 0,00	0,00	D
IRRF Sobre Day Trade	-3,03	Outras	0,00	D
		Líquido para 03/11/2020	300,40	C

(*) Observações:
2 - Corretora ou pessoa vinculada atuou na contra parte
- Negócio Direto
3 - Liquidação Institucional
D - Day Trade
F - Cobertura

B - Debêntures
A - Posição Futuro
C - Clubes e Fundos de Ações
P - Carteira Própria
H - Home Broker

X - Box
f - Desmanche de Box
L - Precatório
I - Liquidação pelo Bruto
1 - POP

Especificações diversas

Observação (*1): As operações a futuro não são computadas no líquido da fatura.

A coluna Q indica liquidação no Agente do Qualificado
IRRF Day-Trade R$ 303,43 . Projeção R$ -3,03

Inter DTVM Ltda

Figura 49 - 29/10/2020

A nota de corretagem anterior possui duas páginas, pois uma não foi suficiente para acomodar todas as 14 operações do dia 29. Quando falamos de Day Trade, eu conto uma operação como sendo compra e venda ou o inverso, pois a ordem não importa. Mas se contarmos de forma separada, foram 28 operações em um único dia. Me comportei como se estivesse em um trabalho integral, parando somente na hora do almoço. Mas ao menos tive lucro, no valor de R$ 300, o que não se repetiu no dia seguinte.

Praça	C/V	Tipo	Mercado	Especificação do Título	OBS(*)	Quantidade	Preço Liquidação (R$)	Compra/Venda (R$)	D/C
1-Bovespa	C	VIS		USIM5 PNA N1	D	1.000	10,87	10.870,00	D
1-Bovespa	C	VIS		USIM5 PNA N1	D	1.000	10,94	10.940,00	D
1-Bovespa	C	VIS		USIM5 PNA N1	D	1.000	10,95	10.950,00	D
1-Bovespa	C	VIS		USIM5 PNA N1	D	1.000	10,97	10.970,00	D
1-Bovespa	C	VIS		USIM5 PNA N1	D	2.000	11,12	22.240,00	D
1-Bovespa	C	VIS		USIM5 PNA N1	D	1.000	11,13	11.130,00	D
1-Bovespa	C	VIS		USIM5 PNA N1	D	1.000	11,15	11.150,00	D
1-Bovespa	C	VIS		USIM5 PNA N1	D	1.000	11,17	11.170,00	D
1-Bovespa	C	VIS		USIM5 PNA N1	D	1.000	11,18	11.180,00	D
				SubTotal :		10.000	11,0600	110.600,00	
1-Bovespa	V	VIS		USIM5 PNA N1	D	1.000	10,79	10.790,00	C
1-Bovespa	V	VIS		USIM5 PNA N1	D	1.000	10,94	10.940,00	C
1-Bovespa	V	VIS		USIM5 PNA N1	D	1.000	10,96	10.960,00	C
1-Bovespa	V	VIS		USIM5 PNA N1	D	1.000	10,98	10.980,00	C
1-Bovespa	V	VIS		USIM5 PNA N1	D	1.000	11,00	11.000,00	C
1-Bovespa	V	VIS		USIM5 PNA N1	D	1.000	11,11	11.110,00	C
1-Bovespa	V	VIS		USIM5 PNA N1	D	1.000	11,16	11.160,00	C
1-Bovespa	V	VIS		USIM5 PNA N1	D	1.000	11,17	11.170,00	C
1-Bovespa	V	VIS		USIM5 PNA N1	D	1.000	11,18	11.180,00	C
1-Bovespa	V	VIS		USIM5 PNA N1	D	1.000	11,19	11.190,00	C
				SubTotal :		10.000	11,0480	110.480,00	

Resumo dos Negócios		Resumo Financeiro	
Debêntures	0,00	Valor Líquido das Operações(1)	-120,00 D
Vendas à Vista	110.480,00	Taxa de Liquidação(2)	44,21 D
Compras à Vista	110.600,00	Taxa de Registro(3)	0,00 D
Opções - Compras	0,00	Total(1+2+3) A	-164,21 D
Opções - Vendas	0,00	Taxa de Termo/Opções/Futuro	0,00 D
Operações a Termo	0,00	Taxa A.N.A.	0,00 D
Operações a Futuro	0,00	Emolumentos	7,11 D
Valor das Oper. com Tit. Publ.	0,00	Total Bolsa B	-7,11 D
Valor das Operações	221.080,00	Corretagem	0,00 D
Valor do Ajuste p/Futuro	0,00	ISS	0,00 D
IR Sobre Corretagem	0,00	I.R.R.F. s/ operações, base 0,00	0,00 D
IRRF Sobre Day Trade	0,00	Outras	0,00 D
		Líquido para 04/11/2020	-171,32 D

(*) Observações:
2 - Corretora ou pessoa vinculada atuou na contra parte   B - Debêntures   X - Box
- Negócio Direto   A - Posição Futuro   Y - Desmanche de Box
8 - Liquidação institucional   C - Clube e Fundos de Ações   L - Precatório
D - Day-Trade   P - Carteira Própria   I - Liquidação pela Bruta
I - Cobertura   H - Home Broker   J - POP

Especificações diversas: Observação: (1) As operações a futuro não são computadas no líquido da fatura

A coluna Q indica liquidação no Agente do Qualificado

IRRF Day-Trade R$ -171,32   Projeção R$ 0,00   Inter DTVM Ltda.

Figura 50 - 30/10/2020

No dia 30, realizei cinco operações a menos que no dia anterior, o suficiente para amargar um prejuízo de R$ 171, reduzindo o lucro do dia 29 para R$ 129.

O segundo dividendo

O lucro com Day Trade no mês de outubro foi de R$ 482, o maior desta modalidade. Já em operações normais, fechei com prejuízo de R$ 207. Como a JHSF resolveu pagar mais um dividendo em outubro, o lucro total do mês foi de R$ 510, valor relativamente bom que eu adoraria que se repetisse sempre.

NOVEMBRO: FIM DO CICLO

E chegamos ao meu último mês arriscando alto na bolsa. Não era mais possível continuar insistindo em algo que até dava retorno, mas que depois era rapidamente perdido. Claro que a gente se adapta ao prejuízo acumulado e chega o momento em que ele não faz falta, pois você continua tendo outra fonte de renda. Mas o fato inegável é que o patrimônio foi reduzido. Saber a hora de parar é muito importante.

Registrei meu maior prejuízo em Day Trade em novembro e fiquei bastante assustado, pois eu tinha estabelecido um limite aceitável de perda e eu já estava me aproximando dele. Já no início do mês, perdi mais de R$ 800, o que seria razão suficiente para dar um basta, mas ainda achava que seria capaz de ao menos reduzir o dano.

Esqueça a ideia de recuperar prejuízo em bolsa na própria bolsa. É melhor que você faça um trabalho extra ou algum outro projeto que normalmente você não faria e estabeleça que a renda obtida será para cobrir o prejuízo na bolsa. E se o que você perdeu não faz diferença, então simplesmente esqueça e bola pra frente.

Não quero te convencer a não investir em bolsa. O que realmente desejo é que você grave bem estas três coisas: a bolsa não vai te deixar rico; mesmo quem faz análise gráfica perde dinheiro com Day Trade; investidores são movidos a especulação e muitas vezes derrubam um papel sem motivos claros.

Day Trade com ações da carteira

Praça	C/V	Tipo Mercado	Especificação do Título	OBS(*)	Quantidade	Preço Liquidação (R$)	Compra/Venda (R$)	D/C
1-Bovespa	C	VIS	JHSF3 ON NM		3.500	6.63	23.205,00	D
1-Bovespa	C	VIS	JHSF3 ON NM		3.500	6.85	23.975,00	D
			SubTotal :		7.000	6,7400	47.180,00	
1-Bovespa	V	VIS	JHSF3 ON NM		3.500	6.64	23.240,00	C
1-Bovespa	V	VIS	JHSF3 ON NM		3.500	6.66	23.310,00	C
			SubTotal :		7.000	6,6500	46.550,00	
1-Bovespa	C	VIS	USIM5 PNA N1		400	11.11	4.444,00	D
1-Bovespa	C	VIS	USIM5 PNA N1		1.000	11.30	11.300,00	D
1-Bovespa	C	VIS	USIM5 PNA N1		2.000	11.33	22.660,00	D
1-Bovespa	C	VIS	USIM5 PNA N1		1.000	11.58	11.580,00	D
			SubTotal :		4.400	11,3600	49.984,00	
1-Bovespa	V	VIS	USIM5 PNA N1		1.400	11.23	15.722,00	C
1-Bovespa	V	VIS	USIM5 PNA N1		1.000	11.33	11.330,00	C
1-Bovespa	V	VIS	USIM5 PNA N1		1.000	11.35	11.350,00	C
1-Bovespa	V	VIS	USIM5 PNA N1		1.000	11.39	11.390,00	C
			SubTotal :		4.400	11,3164	49.792,00	

Resumo dos Negócios

Debêntures	0,00
Vendas à Vista	96.342,00
Compras à Vista	97.164,00
Opções - Compras	0,00
Opções - Vendas	0,00
Operações a Termo	0,00
Operações a Futuro	0,00
Valor das Oper. com Tít. Publ.	0,00
Valor das Operações	193.506,00
Valor do Ajuste p/Futuro	0,00
IR Sobre Corretagem	0,00
IRRF Sobre Day Trade	0,00

Resumo Financeiro

Valor Líquido das Operações(1)	-822,00	D
Taxa de Liquidação(2)	38,70	D
Taxa de Registro(3)	0,00	D
Total 1+2+3) A	-860,70	D
Taxa de Termo/Opções/Futuro	0,00	D
Taxa A.N.A	0,00	D
Emolumentos	6,28	D
Total Bolsa B	-6,28	D
Corretagem	0,00	D
ISS	0,00	D
I.R.R.F. s/ operações, base 0,00	0,00	D
Outras	0,00	D
Líquido para 06/11/2020	-866,98	D

(*) Observações
2 - Corretora ou pessoa vinculada atuou na contra parte
- Negócio Direto
é - Liquidação Institucional
D - Day-Trade
F - Cobertura

B - Debêntures
A - Posição Futuro
C - Clubes e Fundos de Ações
P - Carteira Própria
H - Home Broker

X - Box
Y - Desmanche de Box
L - Precatório
T - Liquidação pelo Bruto
1 - PQP

Especificações diversas
A coluna Q indica liquidação no Agente do Qualificado
IRRF Day-Trade R$ -866,98 . Projeção R$ 0,00

Observação - (1) As operações a futuro não são computadas no líquido da fatura

Inter DTVM Ltda.

Figura 51 - 04/11/2020

Eu já estava com as ações da JHSF na minha carteira desde julho e elas estavam com tendência de queda. Analisando o comportamento do papel, eu percebi que ele geralmente tinha uma alta pela manhã e depois começava a devolver os ganhos. Isso poderia representar uma oportunidade de vender as minhas 3.500 ações na alta e recomprar na baixa no mesmo dia, lucrando com a diferença.

Quando uma ação está dando prejuízo na sua carteira, esse tipo de estratégia é muito arriscada e deve ser evitada a todo custo, porque você não pretende vender as ações de fato, mas somente gerar lucro rápido. Se o preço caiu e você conseguiu recomprar na baixa, ótimo. Mas se o contrário acontece, você será obrigado a recomprar na alta. Foi exatamente o que aconteceu comigo.

A primeira tentativa deu certo, pois eu vendi a R$ 6,64 e recomprei a R$ 6,63, obtendo R$ 35 de lucro. Na segunda vez, vendi em R$ 6,66 e o preço começou a subir sem dar sinais de que cairia. Fui obrigado a recomprar por R$ 6,85, aumentando o prejuízo que eu já tinha tido com Usiminas no mesmo dia. O saldo negativo ficou em R$ 866.

Eu não percebi que naquele dia a força compradora estava alta e que o comportamento que o papel vinha demonstrando não se repetiria. No entanto, o estrago poderia ter sido menor, pois eu tive algumas chances de recomprar por um preço mais amigável, mas preferi ficar na torcida pelo retorno ao preço de venda.

Por falar em torcida, essa é uma palavra muito usada nos mercados de ações e mini índice do dólar. Diariamente vejo pessoas torcendo para que o preço de um ativo suba ou caia, pois se recusam a sair da operação com prejuízo. E não se engane achando que isso é exclusivo de investidores inexperientes, pois já vi gente com anos de mercado fazendo a mesma coisa. Torcer pelo sucesso é natural do ser humano.

Por fim, eu sabia dos riscos envolvidos e vinha planejando aquele movimento há algum tempo. Não foi uma decisão repentina, pois eu tinha bastante cuidado com JHSF3 devido a esta ação ser meu maior investimento. Infelizmente, mesmo com toda a cautela e análise, as coisas podem não sair como o esperado.

Meus últimos prejuízos

Praça	C/V	Tipo Mercado	Especificação do Título	OBS(*)	Quantidade	Preço Liquidação (R$)	Compra/Venda (R$)	D/C
1-Bovespa	V	VIS	JHSF3F ON NM		45	7,57	340,65	C
			SubTotal :		45	7,5700	340,65	
1-Bovespa	C	VIS	PETR4 PN N2		500	23,35	11.675,00	D
			SubTotal :		500	23,3500	11.675,00	
1-Bovespa	V	VIS	PETR4 PN N2		500	22,67	11.335,00	C
			SubTotal :		500	22,6700	11.335,00	

Resumo dos Negócios		Resumo Financeiro		
Debêntures	0,00	Valor Líquido das Operações(1)	0,65	C
Vendas à Vista	11.675,65	Taxa de Liquidação(2)	4,69	D
Compras à Vista	11.675,00	Taxa de Registro(3)	0,00	D
Opções - Compras	0,00	Total(1+2+3) A	-4,04	D
Opções - Vendas	0,00	Taxa de Termo/Opções/Futuro	0,00	D
Operações a Termo	0,00	Taxa A.N.A	0,00	D
Operações a Futuro	0,00	Emolumentos	0,75	D
Valor das Oper. com Tít. Públ.	0,00	Total Bolsa B	-0,75	D
Valor das Operações	23.350,65	Corretagem	0,00	D
Valor do Ajuste p/Futuro	0,00	ISS	0,00	D
IR Sobre Corretagem	0,00	I.R.R.F. s/ operações, base 340,65	0,01	D
IRRF Sobre Day Trade	0,00	Outras	0,00	D
		Líquido para 13/11/2020	-4,79	D

(*) Observações
D - Corretora ou pessoa vinculada atuou na contra parte
- Negócio Direto
E - Liquidação Institucional
D - Day Trade
F - Cobertura

B - Debêntures
A - Posição Futuro
C - Clubes e Fundos de Ações
P - Carteira Própria
H - Home Broker

X - Box
Y - Desmonche de Box
L - Precatório
T - Liquidação pelo Bruto
1 - POP

Especificações diversas
A coluna Q indica liquidação no Agente do Qualificado
IRRF Day-Trade R$ -345,34 ; Projeção R$ 0,00

Observação: (1) As operações a futuro não são computadas no líquido da fatura.

Inter DTVM Ltda.

Figura 52 - 11/11/2020

As minhas últimas operações relevantes na bolsa aconteceram nos dias 11 e 12 de novembro. Infelizmente, tive prejuízos nos dois dias, mas como eu disse no título do capítulo, este é o fim do ciclo. Talvez se eu tivesse obtido sucesso nessas operações, eu teria continuado a operar da mesma forma.

Fechei os dois dias com prejuízo total de R$ 682 ao errar feio o Day Trade com PETR4 e VVAR3. Os papéis da Petrobrás tiverem forte alta nos dois pregões anteriores e acreditei que isso se repetiria no dia 11, mas o papel desabou logo após abrir em alta. Já a Via Varejo, o problema foi eu insistir novamente nesta ação que já havia demonstrado ser muito instável por diversas vezes.

Praça	C/V	Tipo Mercado	Especificação do Título	OBS(*)	Quantidade	Preço Liquidação (R$)	Compra/Venda (R$)	D/C
1-Bovespa	C	VIS	VVAR3 ON NM		500	18,77	9.385,00	D
1-Bovespa	C	VIS	VVAR3 ON NM		500	18,78	9.390,00	D
1-Bovespa	C	VIS	VVAR3 ON NM		500	18,79	9.395,00	D
1-Bovespa	C	VIS	VVAR3 ON NM		500	18,81	9.405,00	D
			SubTotal :		2.000	18,7875	37.575,00	
1-Bovespa	V	VIS	VVAR3 ON NM		500	18,01	9.005,00	C
1-Bovespa	V	VIS	VVAR3 ON NM		500	18,80	9.400,00	C
1-Bovespa	V	VIS	VVAR3 ON NM		1.000	18,85	18.850,00	C
			SubTotal :		2.000	18,6275	37.255,00	

Resumo dos Negócios		Resumo Financeiro		
Debêntures	0,00	Valor Líquido das Operações(1)	-320,00	D
Vendas à Vista	37.255,00	Taxa de Liquidação(2)	14,96	D
Compras à Vista	37.575,00	Taxa de Registro(3)	0,00	D
Opções - Compras	0,00	Total(1+2+3) A	-334,96	D
Opções - Vendas	0,00	Taxa de Termo/Opções/Futuro	0,00	D
Operações a Termo	0,00	Taxa A.N.A	0,00	D
Operações a Futuro	0,00	Emolumentos	2,42	D
Valor das Oper. com Tít. Publ.	0,00	Total Bolsa B	-2,42	D
Valor das Operações	74.830,00	Corretagem	0,00	D
Valor do Ajuste p/Futuro	0,00	ISS	0,00	D
IR Sobre Corretagem	0,00	I.R.R.F. s/ operações, base 0,00	0,00	D
IRRF Sobre Day Trade	0,00	Outras	0,00	D
		Líquido para 16/11/2020	-337,38	D

(*) Observações
2 - Corretora ou pessoa vinculada atuou na contra parte
- Negócio Direto
B - Liquidação Institucional
D - Day-Trade
F - Cobertura

B - Debêntures
A - Posição Futuro
C - Clubes e Fundos de Ações
P - Carteira Própria
H - Home Broker

X - Box
Y - Desmanche de Box
L - Precatório
T - Liquidação pelo Bruto
1 - POP

Especificações diversas
A coluna Q indica liquidação no Agente do Qualificado
IRRF Day-Trade R$ -337,38 . Projeção R$ 0,00

Observação: (1) As operações a futuro não são computadas no líquido da fatura

Inter DTVM Ltda.

Figura 53 - 12/11/2020

BALANÇO FINAL

Antes de dizer para você qual foi o meu resultado final até o mês de novembro, preciso esclarecer a forma como eu apurei os prejuízos e lucros de cada mês. Na planilha onde organizo todas as informações, tudo é calculado seguindo as regras da Receita Federal, mas eu faço uma conta pessoal onde eu reduzo todos os impostos retidos do meu lucro e considero somente o que permaneceu na minha conta. Além disso, o prejuízo do dia 23 de julho e mais 45 ações JHSF3 das 1.000 que comprei no mesmo dia, não foram quitados com meu dinheiro. Utilizei um recurso que não fazia parte do meu patrimônio original no valor de R$ 745 e, portanto, eu abato este valor dos meus cálculos pessoais, mas mantenho para fins de compensação futura.

A quantia total que eu perdi foi de R$ 3.120 (três mil e cento e vinte reais), considerando todas as operações liquidadas. O que mantenho na minha carteira são as ações da JHSF que não tem me dado retorno desde que as comprei. Mas prejuízo se confirma somente quando a venda é efetuada e não pretendo vender essas ações por agora, pois a JHSF é uma empresa sólida que vem apresentado lucros incríveis a cada trimestre, além do seu mercado ser variado e o público de alta renda. Acredito que em breve esse papel irá decolar e vou poder sair da operação sem nenhum prejuízo.

Como já mencionado, eu utilizo uma planilha onde lanço os dados de todas as notas de corretagem para fazer a apuração mensal. Uso o

Google Sheets para esta função, pois gosto de ter estes dados salvos na nuvem para poder acessá-los de qualquer dispositivo. Deixarei a seguir, um print de todas as abas da planilha para ajudar você a fazer a sua própria e manter sua contabilidade em dia.

MARÇO - DAY TRADE

Data	Lucro/Prejuizo	Imposto retido
17/03	7,52	0,07
25/03	-42,4	
27/03	44,47	0,44
30/03	100,57	1

Lucro/Prejuizo:	110,16
Imposto a pagar:	20,52
Imposto a deduzir:	0
Prejuízo acumulado:	0

MARÇO - NORMAL

Data	Papel	Quantidade	Líquido compra	Líquido venda
18/03	PETR4	200	2.420,73	
19/03	PETR4	200		2.513,23
20/03	PETR4	500	6.702,05	
25/03	PETR4	500		6.797,91

Lucro/Prejuizo:	188,36
Imposto retido:	0
Imposto a pagar:	0
Prejuízo acumulado:	0

DARF total:	20,52
Imposto a deduzir:	0

ABRIL - DAY TRADE

Data	Lucro/Prejuízo	Imposto retido
01/04	232,72	2,32
02/04	4,22	0,04
03/04	-516,11	
08/04	26,4	0,26
29/04	12,89	0,12
30/04	16,71	0,16

Lucro/Prejuízo:	-223,17
Imposto a pagar:	0
Imposto a deduzir:	2,9
Prejuízo acumulado:	223,17

ABRIL - NORMAL

Data	Papel	Quantidade	Líquido compra	Liquido venda
03/04	PETR4	500	7.752,37	
07/04	PETR4	500		8.407,44
09/04	PETR4	700	12.436,78	
29/04	PETR4	700		12.596,15

Lucro/Prejuízo:	814,44
Imposto retido:	1,05
Imposto a pagar:	118,22
Prejuízo acumulado:	0
DARF total:	118,22
Imposto a deduzir:	0

MAIO - NORMAL

Data	Papel	Quantidade	Líquido compra	Liquido venda
04/05	PETR4	200	3.495,06	
08/05	PETR4	200		3.668,88
11/05	PETR4	300	5.557,70	
20/05	PETR4	300		5.797,22
21/05	PETR4	400	7.862,42	
26/05	VVAR3	500	5.976,83	

Lucro/Prejuízo:	413,34
Imposto retido:	0
Imposto a pagar:	0
Prejuízo acumulado:	0
DARF total:	0
Imposto a deduzir:	0

JUNHO - DAY TRADE

Data	Lucro/Prejuízo	Imposto retido
19/06	3,69	0,03

Lucro/Prejuízo:	3,69
Imposto a pagar:	0
Imposto a deduzir:	0,03
Prejuízo acumulado:	219,48

JUNHO - NORMAL

Data	Papel	Quantidade	Líquido compra	Líquido venda
02/06	PETR4	400		8.457,40
02/06	USIM5	500	3.476,07	
16/06	VVAR3	500	8.117,49	
23/06	IRBR3	500	6.401,96	
23/06	USIM5	500		3.623,89
26/06	IRBR3	500	5.951,82	
29/06	IRBR3	200	2.470,76	
29/06	VVAR3	500		7.572,67

Lucro/Prejuízo:	1.268,31
Imposto retido:	0
Imposto a pagar:	0
Prejuízo acumulado:	0

DARF total:	0
Imposto a deduzir:	0,03

JULHO - DAY TRADE

Data	Lucro/Prejuízo	Imposto retido
03/07	-25,91	
07/07	-1.083,14	
21/07	72,8	0,72
22/07	-42,19	
23/07	-305,64	
24/07	1,03	0,01
29/07	-214,69	
30/07	231,08	2,31

Lucro/Prejuízo:	-1.366,66
Imposto a pagar:	0
Imposto a deduzir:	3,04
Prejuízo acumulado:	1.586,14

JULHO - NORMAL

Data	Papel	Quantidade	Líquido compra	Líquido venda
02/07	IRBR3	1200		10.940,66
02/07	VVAR3	1000	15.819,83	
03/07	JHSF3	1500	13.278,90	
03/07	VVAR3	1500		23.078,21
06/07	JHSF3	1000	9.772,98	
23/07	JHSF3	1000	9.602,93	

Lucro/Prejuízo:	-3.672,66
Imposto retido:	1,69
Imposto a pagar:	0

AGOSTO - DAY TRADE

Data	Lucro/Prejuízo	Imposto retido
03/08	20,96	0,2
13/08	96,8	0,96
18/08	307,95	3,07
19/08	-248,12	
20/08	579,16	5,79
21/08	40,42	0,4
24/08	16,98	0,16
25/08	-92,92	
26/08	-391,56	
27/08	-223,54	CLEAR
31/08	5,52	0,05

Lucro/Prejuízo:	111,65
Imposto a pagar:	0
Imposto a deduzir:	10,63
Prejuízo acumulado:	1.474,49

AGOSTO - NORMAL

Data	Papel	Quantidade	Líquido compra	Líquido venda
04/08	VVAR3	500	9.953,04	
05/08	VVAR3	500		10.246,87
07/08	VVAR3	800	15.745,82	
10/08	VVAR3	800		15.211,34
12/08	VVAR3	800	14.764,51	
13/08	VVAR3	800		15.035,39
25/08	VVAR3	800	16.525,07	
27/08	VVAR3	800		16.083,07

Lucro/Prejuízo:	-411,77
Imposto retido:	2,82
Imposto a pagar:	0
Prejuízo acumulado:	4.084,43
Dividendos:	275,69
DARF total:	0
Imposto a deduzir:	18,21
Tarifas bancárias:	280,36

SETEMBRO - DAY TRADE

Data	Lucro/Prejuízo	Imposto retido
01/09	7,32	0,07
02/09	-12,27	
04/09	-62,89	
08/09	73,57	0,73
10/09	-2,83	
11/09	5,9	0,05
15/09	12,19	0,12
16/09	0,36	0
18/09	85,97	0,85
28/09	4,53	0,04

Lucro/Prejuízo:	111,85
Imposto a pagar:	0
Imposto a deduzir:	1,86
Prejuízo acumulado:	1.362,64

SETEMBRO - NORMAL

Data	Papel	Quantidade	Líquido compra	Líquido venda
01/09	VVAR3	700	14.417,42	
02/09	VVAR3	700		14.352,60
03/09	SLED4	2000	1.580,47	
04/09	PGMN3	400	4.133,27	
04/09	SLED4	2000		1.579,53
09/09	PGMN3	400		4.134,75
10/09	USIM5	400	4.461,37	

Lucro/Prejuízo:	-64,28
Imposto retido:	0
Imposto a pagar:	0
Prejuízo acumulado:	4.148,71

DARF total:	0
Imposto a deduzir:	20,07

Tarifas bancárias:	28,29

OUTUBRO - DAY TRADE

Data	Lucro/Prejuízo	Imposto retido
14/10	108,43	1,08
15/10	64,21	0,64
16/10	-13,25	
19/10	51	0,51
20/10	48,52	0,48
21/10	78,37	0,78
22/10	14,17	0,14
23/10	54,18	0,54
27/10	-55,03	
29/10	303,43	3,03
30/10	-171,32	

Lucro/Prejuízo:	482,71
Imposto a pagar:	0
Imposto a deduzir:	7,2
Prejuízo acumulado:	879,93

OUTUBRO - NORMAL

Data	Papel	Quantidade	Líquido compra	Líquido venda
26/10	VALE3	200	12.643,87	
27/10	VALE3	200		12.436,18

Lucro/Prejuízo:	-207,69
Imposto retido	0
Imposto a pagar:	0
Prejuízo acumulado:	4.356,40

Dividendos:	234,98

DARF total:	0
Imposto a deduzir:	27,27

Tarifas bancárias:	26,29

NOVEMBRO - DAY TRADE

Data	Lucro/Prejuízo	Imposto retido
03/11	34,48	0,34
04/11	-866,98	
05/11	83,34	0,83
06/11	45,46	0,45
09/11	-75,55	
10/11	-1,53	
11/11	-345,34	
12/11	-337,38	
13/11	4,85	0,04
17/11	4,83	0,04
26/11	3,60	0,03

Lucro/Prejuízo:	-1.450,22
Imposto a pagar:	0
Imposto a deduzir:	1,73
Prejuízo acumulado:	2.330,15

NOVEMBRO - NORMAL

Data	Papel	Quantidade	Líquido compra	Líquido venda
05/11	USIM5	400		4.494,61
6/11	USIM5	400	4.629,22	
11/11	JHSF3	45		340,55
23/11	USIM5	400		4.678,57

Lucro/Prejuízo:	3,29
Imposto retido:	0
Imposto a pagar:	0
Prejuízo acumulado:	4.356,40

Próximos passos

Eu continuo na bolsa por falta de opção, pois irei esperar as ações JHSF se valorizem e, como eu disse, isso tem tudo para acontecer. O ano de 2021 parece que continuará sendo muito bom para o setor das siderúrgicas e talvez eu aproveite para fazer algum investimento de curto prazo neste setor. Para além disso, não consigo fazer previsões em relação a como irei administrar meu dinheiro futuramente, pois as coisas mudam muito rápido e eu tenho vontade de ter meu próprio negócio. Porém, ainda não posso prosseguir com este objetivo, pois as incertezas em relação a pandemia de Covid-19 continuam.

Caso o BC venha a aumentar a taxa Selic, voltarei a aplicar em CDB com liquidação diária ou com vencimento em três meses. Também quero sair do banco digital que tenho conta e ir para um tradicional, pois eu tive diversos problemas com meu banco atual. Vejo com bons olhos o Santander que cobra corretagem de R$ 5 nas operações feitas via aplicativo. Considero ser um valor aceitável para meu novo perfil de investimento que está focado em operações que durem no mínimo duas semanas.

Em relação ao prejuízo, não tentarei recuperar na bolsa, pois isso já se mostrou não ser eficiente. O que farei é trabalhar mais e considerar os ganhos extras como sendo a recuperação do valor que perdi. Simples, eficiente e sem correr riscos.

Se tem uma coisa que eu faço muito bem é calcular lucros, impostos e prejuízos a compensar. Estudei bastante esta área de contabilidade e mantenho todos os resultados organizados. Portanto, te darei dicas valiosas para você nunca pagar imposto a mais ou a menos.

Impostos

Day Trade

Todo lucro com Day Trade é tributável e a alíquota é de 20%. Na sua nota de corretagem, o lucro com este tipo de operação é exibido de forma separada, informando a base para cálculo do imposto. É essa base que representa o lucro para fins tributáveis. Na mesma área vem a projeção do imposto retido que na verdade não é uma projeção, mas sim o imposto de fato retido. No final de cada mês, você deve somar o lucro do Day Trade apresentado em cada nota e reduzir o prejuízo, pois nos dias em que o resultado foi negativo, as notas exibem o valor exato do prejuízo. Se ao terminar de fazer a conta, você verificou que teve lucro no mês, calcule a alíquota de 20% sobre este lucro.

Tendo apurado o lucro total e calculado o imposto devido, você vai somar todo o imposto retido nas notas de corretagem para abater do imposto que você tem que pagar antes de gerar a DARF. Mas tem um detalhe importante que irei explicar no tópico "Imposto é imposto".

Operações normais

O lucro de operações normais é isento se o volume mensal de venda for de até exatos 20.000 reais. Na sua nota de corretagem, pode ser que apareça um valor de imposto na linha "I.R.R.F. s/ operações", se você tiver efetuado venda de operação normal mesmo que inferior ao limite de isenção. Neste caso, o imposto será de fato cobrado se você ultrapassar o limite de R$ 20.000, portanto, verifique o seu extrato para ter certeza da cobrança do imposto.

A alíquota de imposto para o lucro de operações normais é de 15% sobre todo o lucro se o limite de isenção foi ultrapassado. É tudo ou nada. Ou você vende abaixo de 20.000 e não paga imposto nenhum, ou você ultrapassa o limite e todo o lucro será tributado.

Imposto é imposto

Todo o imposto que foi de fato retido na sua nota de corretagem, pode ser abatido do imposto a pagar seja de Day Trade ou operações normais. Suponha que em junho você teve um prejuízo de R$ 300 em Day Trade, mas em alguns dias do mês você teve lucro e, portanto, o imposto foi retido nesses dias. No mesmo mês, você vendeu acima de R$ 20.000 e teve lucro. Neste caso, todo o imposto retido em Day Trade e em operações normais, pode ser abatido do imposto a pagar.

DARF única

Se imposto é imposto, então você pode gerar uma única DARF para pagar o somatório do imposto devido no mês, desde que você tenha os calculado separadamente.

Restituição

O imposto não compensado até dezembro, pode ser restituído na declaração anual. Essa informação deve ser incluída na linha 03 de Imposto Pago/Retido. Mas tenha o cuidado de ter a certeza de que você de fato não compensou este imposto.

Apuração de lucros

Eu preferi falar sobre impostos primeiro para você saber como as informações são apresentadas na nota de corretagem. O lucro de Day Trade é muito fácil de apurar, pois ele vem separado na nota como sendo a base de cálculo do imposto retido neste tipo de operação. Se você fez Day Trade e operação normal no mesmo dia, fica fácil saber qual taxa foi destinada a qual operação, porque o lucro ou prejuízo do Day Trade exibido na nota, já está reduzido ou somado das taxas, respectivamente. Portanto, basta que você apure o lucro ou prejuízo bruto do Day Trade e calcule a diferença do valor exibido na base de cálculo do imposto na nota. O resultado será a taxa destinada ao Day Trade. De posse dessa informação, some todas as taxas cobradas na nota e subtraia a taxa do Day Trade para saber qual a taxa da operação normal. Lembrando que imposto não é taxa. Nunca inclua nenhum imposto no custo de suas operações.

Caso você efetue mais de uma operação normal no mesmo dia com ativos diferentes, deverá fazer o rateamento das taxas de acordo com o volume das operações. Exemplo: em um dia do mês de maio, você vendeu R$ 10.000 de VVAR3 e comprou R$ 15.000 de VALE3. O total movimentado foi, portanto, R$ 25.000. As taxas de operação normal deram um total de R$ 10. Basta pegar o maior valor movimentado e encontrar a porcentagem sobre o volume total. No nosso exemplo, R$ 15.000 é igual a 60% do total de R$ 25.000, portanto, a taxa dessa operação foi de 60% de R$ 10, o que representa R$ 6. O que restou da taxa foi para as ações VVAR3. Quando a operação for de compra, você soma a taxa ao valor da operação e quando for de venda, você subtrai.

Não arredonde valores

Quando calculamos o preço médio de uma ação é normal aparecer valores como R$ 14,0425. Você não deve arredondar tais valores antes de calcular o imposto. Faça o cálculo normalmente e somente quando for gerar a DARF, aí você arredonda.

Compensando prejuízos

Todo prejuízo pode ser compensado, desde que o lucro pertença ao mesmo tipo de operação. Não podemos compensar um prejuízo de operação normal em lucro de Day Trade e vice versa. Também não se pode fazer compensação retroativa. Suponha que em setembro, você não tinha nenhum prejuízo acumulado e obteve lucro de R$ 200 e o imposto terá de ser pago até o último dia útil de outubro. Acontece que em outubro, você registrou prejuízo de R$ 100 e a DARF do mês de setembro ainda não foi paga. Aí você espertinho, pensa que pode utilizar o prejuízo de outubro para abater do lucro de setembro, mas não pode. Isso não é permitido e a DARF terá de ser paga em seu valor normal considerando o lucro de R$ 200.

Prejuízo do ano anterior

O prejuízo não compensado até o último dia do ano, pode ser levado para o ano seguinte, desde que seja informado na declaração anual. Suponha que fechou o ano de 2020 com R$ 500 de prejuízo que ainda não tenha sido aproveitado. Na declaração a ser preenchida em 2021 referente ao ano de 2020, você deve informar o prejuízo acumulado em cada mês. Em 2022, ao preencher a declaração referente ao ano de 2021, você deverá informar na aba de janeiro, qual foi o prejuízo acumulado em dezembro de 2020 para que a Receita saiba que você começou 2021 com prejuízo e compensou durante o ano. E não tem um limite de tempo que você pode carregar prejuízos.

Evite problemas com a Receita

Se durante o ano, você efetuou qualquer operação na bolsa, mesmo que tenha sido uma única operação de valor super baixo e que ainda teve prejuízo, você está obrigado a declarar o imposto de renda. Caso você não declare, a Receita Federal irá bloquear o seu CPF em algum momento após o prazo de entrega. Para efetuar o desbloqueio, basta entregar a declaração informando todos os seus resultados mensais na bolsa. Quanto mais tempo você demorar para enviar a declaração, maiores são as chances de a Receita inventar cobranças que você não tem de pagar.

Informe de rendimentos e notas

O informe de rendimentos que sua corretora te entrega no começo de cada ano é somente para seu uso pessoal. O documento oficial que é usado para apurar os resultados mensais e preencher a declaração anual é a nota de corretagem. Inclusive é importante que você guarde suas notas para caso precise prestar algum esclarecimento a Receita, pois eles não aceitam outros documentos. Se você planeja encerrar a conta na sua corretora, não esqueça de baixar todas as notas antes.

Isenção por CPF

A isenção de lucro resultante de vendas até R$ 20.000 no mês é por CPF e não por corretora. Se você vender R$ 10.000 em uma corretora e R$ 15.000 em outra, o valor total será de R$ 25.000. Neste caso, não tem isenção do lucro e a DARF deverá ser paga, mesmo que o imposto não tenha sido retido em nenhuma das corretoras.

www.ingramcontent.com/pod-product-compliance
Lightning Source LLC
Chambersburg PA
CBHW071712210326
41597CB00017B/2456